KÖLNER STUDIEN ZUM STAATS- UND WIRTSCHAFTSLEBEN

HERAUSGEGEBEN VON
P. ABERER, CHR. ECKERT, J. FLECHTHEIM,
K. J. FRIEDRICH, ED. GAMMERSBACH, H. GEFFCKEN,
K. HASSERT, J. HIRSCH, B. KUSKE, PAUL MOLDENHAUER,
F. STIER-SOMLO, ADOLF WEBER, K. WIEDENFELD,
A. WIERUSZOWSKI, W. WYGODZINSKI
Schriftleitung: BRUNO KUSKE

Heft 3:

Der Wartestand nach deutschem Beamtenrecht

von

Dr. jur. H. Cl. Schmid-Burgk

Bonn 1913
A. MARCUS UND E. WEBERS VERLAG
(Dr. jur. ALBERT AHN)

Der Wartestand nach deutschem Beamtenrecht

von

Dr. jur. H. CL. SCHMID-BURGK

Bonn 1913
A. MARCUS UND E. WEBERS VERLAG
(Dr. jur. ALBERT AHN)

Aufgenommen auf Grund des Berichts
von Professor Dr. jur. Stier-Somlo.

Inhaltsverzeichnis.

Seite

Literatur.

A. Arndt: Das Reichsbeamtengesetz, Berlin 1908.

A. Arndt: Das Staatsrecht des Deutschen Reichs, Berlin 1901.

Dr. Brand: Das Reichsbeamtengesetz, 2. A., Berlin 1907.

C. F. v. Gerber: Grundzüge eines Systems des deutschen Staatsrechts, Leipzig 1865.

N. Th. Gönner: Der Staatsdienst aus dem Gesichtspunkte des Rechts und der Nationalökonomie betrachtet, Landshut 1808.

H. Kanngießer: Das Recht des deutschen Reichsbeamten, Berlin 1874.

P. Laband: Das Staatsrecht des Deutschen Reichs, 5. A., 1911.

E. Loening: Lehrbuch des Verwaltungsrechts, Leipzig 1884.

O. Mayer: Deutsches Verwaltungsrecht, 2. Bd., Leipzig 1895.

G. Meyer: Lehrbuch des deutschen Staatsrechts, 6. A., herausg. von G. Anschütz, Leipzig 1905.

Perels und Spilling: Das Reichsbeamtengesetz, 2. A., Berlin 1906.

J. Pieper: Das Reichsbeamtengesetz, 2. A., Berlin 1901.

v. Stengel: Wörterbuch des deutschen Verwaltungsrechts, Freiburg i. B. 1890, Bd. II.

F. Thudichum: Das Reichsbeamtenrecht, in den Annalen des Deutschen Reichs, Jahrgang 1876, Leipzig 1876 S. 265 fg.

Einleitung.

§ 1.

Ein Beamtenrecht im heutigen Sinne gibt es erst seit rund hundert Jahren. Die erste Kodifikation dieser Rechtsmaterie enthält das preußische A. L. R. in seinem zweiten Teil, Titel 10. Einen wesentlichen Fortschritt bedeutete die ihm folgende bayerische Hauptlandespragmatik vom 1. I. 1805. Weitere Staatsdienergesetze schlossen sich an, so das bayerische Edikt vom 26. V. 1818, das badische Gesetz vom 22. VI. 1819, Württemberg vom 28. VI. 1821, Coburg vom 20. III. 1821, Sachsen vom 7. III. 1835. Schließlich kam es allen deutschen Staaten zu einer umfassenderen Regelung des Beamtenrechts.

Neben der Gesetzgebung einher ging die Arbeit der Rechtswissenschaft, die eine ihrer Aufgaben in der Beantwortung der Frage nach der rechtlichen Natur des Beamtenverhältnisses sah. Die verschiedenartigsten Theorien wurden aufgestellt, fortentwickelt und wieder überwunden. Im Widerstreit der Meinungen klärten sich die Ansichten, man lernte nur Zufälliges vom Wesentlichen unterscheiden [1]. Nach der richtigen, heute herrschenden Ansicht ist das Beamtenverhältnis ein auf öffentlich-rechtlichem Vertrag beruhendes Dienstverhältnis, eingegangen zu dem Zwecke, den Beamten mit der Führung eines Amtes zu betrauen.

---

1) Über die geschichtliche Entwickelung des Begriffs vgl. H. Rehm: Die rechtliche Natur des Staatsdienstes nach deutschem Staatsrecht. Annalen des Deutschen Reichs 1884 S. 565 fg., 1885 S. 65 fg; ferner über den Stand der Meinungen: Meyer-Anschütz S. 500 Anm. 16—18.

Aber nicht die tatsächliche Führung eines Amtes ist dem Begriffe des Beamten wesentlich, sondern nur die Verpflichtung zur Führung eines solchen. Zwischen Dienstverhältnis und Amtsführung ist daher scharf zu scheiden [1]. Entzieht die Regierung in einem Falle, in dem dies zulässig ist, dem Beamten unter Belassung in seinem Dienstverhältnis sein Amt, ohne ihm ein anderes zu übertragen, so heißt dies technisch „der Beamte wird zur Disposition gestellt" [2].

Das Institut des Wartestandes in seiner heutigen Eigenart ist erst neueren Datums, eine umfassendere und detaillierte gesetzliche Regelung hat es erst in der zweiten Hälfte des 19. Jahrhunderts erfahren [3]. Dies mag einer der Gründe dafür sein, daß die Gesetzgebung gerade über den Wartestand vielfach noch sehr lückenhaft ist und daß zwischen den einzelstaatlichen Bestimmungen nur in verhältnismäßig wenig Punkten vollkommene Übereinstimmung herrscht. Das Wesen des Wartestandes ist deshalb auch bis jetzt im wesentlichen nur auf induktivem Wege erkennbar. Den deutschen Beamtengesetzen gemeinsam sind nur einige Grundanschauungen.

Der Zweck dieser Arbeit ist es, auf Grund einer möglichst erschöpfenden Verwertung des gesamten, in den deutschen Beamtengesetzen über den Wartestand enthaltenen Materials, ein allgemeines Bild von seinen Voraussetzungen und Wirkungen nach deutschem Rechte zu geben. Nur auf der Grundlage einer derartigen, auch die unwichtigeren Einzelheiten mit umfassenden Gesamtdarstellung können durch Vergleichung die sämtlichen oder einer Mehrzahl von Gesetzen gemeinsamen und daher für den Wartestand prinzipiellen und typischen Bestimmungen gewonnen

1) Laband I S. 441 und Anm. 1.

2) O. Mayer: Deutsches Verwaltungsrecht, Leipzig 1896 Bd. II S. 225.

3) Zum ersten Male gesetzlich geregelt wurde dieses Institut in der „Baierischen Haupt-Landes-Pragmatik" vom 1. I. 1805 Art. 11/20. In Preußen war es der Kgl. Erlaß vom 25. V. 1820, späterhin aufgehoben und ersetzt durch den Allerh. Erlaß vom 14. VI. 1848. Aus dem preußischen Recht ging die Einrichtung des Wartestandes in das Reichrecht und aus diesem in die badische und württembergische und sonstige bundesstaatliche Gesetzgebung über. (Harseim § 2 S. 863.)

werden; einmal festgestellt, tragen sie wiederum zum Verständnis der Einzelheiten bei und erscheinen außerdem geeignet, zur Ausfüllung von Lücken in der einzelstaatlichen Gesetzgebung herangezogen zu werden. Diese Grundprinzipien selbst und damit einen gemeinsamen Typus des Wartestandes herauszuarbeiten und wissenschaftlich zu begründen, ist nicht das Ziel dieser Abhandlung — eine eingehendere Berücksichtigung der Anmerkungen wird zwar auch, wie sich aus dem Folgenden ergibt, ein Urteil über die Natur der einzelnen Bestimmung, d. h. ob sie spezieller oder allgemeiner Art ist, ermöglichen — beabsichtigt ist nur, die notwendige Vorarbeit für eine tiefgehendere wissenschaftliche Behandlung von Einzelfragen zu schaffen.

Es bedarf noch einer für das Verständnis des Folgenden nötigen Bemerkung über die Anmerkungen: sie bilden, entgegen dem Grundsatz, daß der Text für sich allein verständlich sein soll, zumeist eine notwendige Ergänzung zu diesem. Diese Abweichung ist in der Eigenart des behandelten Stoffes begründet, denn die folgenden Seiten würden an Lesbarkeit und Übersichtlichkeit ganz erheblich einbüßen, wollte man jeder im Texte aufgeführten Bestimmung — zu berücksichtigen sind ja sämtliche über den Wartestand vorkommende Bestimmungen, gleichgültig ob sie nur einigen wenigen oder einer größeren Gruppe von Beamtengesetzen entstammen — die Namen der Staaten, in denen sie gilt, voranstellen. Geeignet zur Aufnahme dieses an sich notwendigen Hinweises erschien vielmehr nur die Anmerkung. Die Bedeutung und das Geltungsgebiet einer jeden im Texte genannten Gesetzesnorm läßt sich daher nur in Verbindung mit der zugehörenden Anmerkung, die fast stets zugleich einen negativen Nachweis erbringt, feststellen.

Die über den Gegenstand vorhandene Literatur ist außerordentlich gering: Die Lehrbücher des Reichs- und Landesstaatsrechts begnügen sich zumeist mit einer gekürzten Wiedergabe der gesetzlichen Bestimmungen, etwas ergiebiger sind die Kommentare zum Reichbeamtengesetz und einigen Landesgesetzen. Die einzige, in ihrer Kürze allerdings mustergültige systematische Darstellung befindet sich von Harseim in Stengels Wörterbuch des Deutschen Verwaltungsrechts.

An Gesetzen und Literatur kommt in den einzelnen Bundesstaaten hauptsächlich das Folgende in Betracht [1]:

1. Preußen:

Allerhöchster Erlaß betr. die Bewilligung von Wartegeld für die zur Disposition gestellten Staatsbeamten vom 14. Juni 1848 (Ges. S. 153), Allerhöchster Erlaß vom 24. X. 1848 (Ges. S. 338), Gesetz betr. die Dienstvergehen der nichtrichterlichen Beamten und die Versetzung derselben auf eine andere Stelle oder in den Ruhestand vom 21. VII. 1852; Abänderungs-Gesetz vom 9. IV. 1879.

O. Heinemann: Die preußische Staatsbeamtengesetzgebung, Potsdam 1909.

G. Herrfurth: Das (preußische) Beamtenrecht, Berlin 1905.

E. Hubrich: Preußisches Staatsrecht (Bibliothek des öffentlichen Rechts), 1909.

C. Pfafferoth: Preußische Beamtengesetzgebung, 4. A. 1905.

Rheinbaben: Die preußischen Disziplinargesetze, 2. A. Berlin 1911.

Rönne-Zorn: Staatsrecht der preußischen Monarchie, 5. A. 2 Bd. 1898/1906.

H. Müller: Die preußische Justizverwaltung, 6. A. Berlin 1909/10.

2. Bayern:

Beamtengesetz vom 16. VIII. 1908 (GVBl. 581 fg.).

Reindl: Kommentar zum bayerischen Beamtengesetz, München 1909 (Lieferung 1—6 erschienen).

C. A. v. Sutner: Beamtengesetz für das Königreich Bayern.

C. A. v. Sutner: Staats- und Verwaltungsrecht des Königreichs Bayern (Bibliothek des öffentlichen Rechts) 1909.

R. Piloty: Das Recht des Staatsdienstes in Bayern nach dem Beamtengesetz von 1908 im Jahrbuch des

---

1) Vgl. auch Meyer-Anschütz S. 491 Anm. 5; von den Abänderungsgesetzen werden nur die für das Thema wichtigen genannt.

öffentlichen Rechts der Gegenwart, Bd. III 1909 S. 219 fg.

Verhandlungen der Kammer der Abgeordneten des Bayerischen Landtags, 1. Session, im Jahre 1907/08, Beilagen Bd. III Nr. 374 S. 1—156.

3. Sachsen:

Gesetz, die Verhältnisse der Zivilstaatsdiener betr., vom 7. III. 1835; Abänderungsgesetz vom 3. VI. 1876.

Otto Mayer: Staatsrecht des Königreichs Sachsen, Tübingen 1909 (Öffentliches Recht der Gegenwart).

Meinholds Juristische Handbibliothek, Bd. 35, Zivilstaatsdienergesetz des Königreichs Sachsen, 4. A. Leipzig 1897.

4. Württemberg:

Beamtengesetz vom 28. VI. 1876 in der Fassung der Novelle vom 1. VIII. 1907.

W. Bazille: Staats- und Verwaltungsrecht des Königreichs Württemberg, 1908 (Bibliothek des öffentlichen Rechts).

H. Gugel: Württembergisches Beamtengesetz vom 1. VIII. 1907, Stuttgart 1907.

Karl Göz: Staatsrecht des Königreichs Württemberg, Tübingen 1908 (Öffentliches Recht der Gegenwart).

5. Baden:

Beamtengesetz vom 12. VIII. 1908 (GVBl. S. 420).

Landesherrliche Verordnung vom 10. VII. 1909, den Vollzug des Beamtengesetzes betr.

Das Badische Beamtengesetz, 4. A. Karlsruhe, J. Lang, 1909.

C. Bornhak: Staats- und Verwaltungsrecht des Großherzogtums Baden, 1908 (Bibliothek des öffentlichen Rechts).

Ernst Walz: Staatsrecht des Großherzogtums Baden, Tübingen 1909 (Öffentliches Recht der Gegenwart).

6. Hessen:

Edikt über die öffentlichen Verhältnisse der Zivilstaatsbeamten vom 20. April 1820. Der dem XXXII. Hessischen Landtag (II. Kammer der Landstände,

Drucksache Nr. 207) vorgelegte Entwurf eines neuen Beamtengesetzes ist nicht Gesetz geworden.

M. Wiegand: Das Hessische Staatsbeamtenrecht, Mainz 1907.

7. Mecklenburg-Schwerin:

Verordnung vom 3. V. 1907 betr. die Dienstvergehen der nichtrichterlichen landesherrlichen Beamten, das Disziplinarverfahren gegen dieselben und deren Versetzung in den Ruhestand (Regierungsblatt 1907 Nr. 19 S. 125).

E. Schlesinger: Staats- und Verwaltungsrecht des Großherzogtums Mecklenburg-Schwerin, Berlin, W. Süsserot, 1908.

8. Sachsen-Weimar:

Staatsbeamtengesetz vom 31. VI. 1909.

A. Knetsch: Staats- und Verwaltungsrecht des Großherzogtums Sachsen-Weimar-Eisenach, 1909 (Bibliothek des öffentlichen Rechts).

J. Verw. R., 5. Jahrgang (über 1909), zweite Hälfte, S. 471.

Verhandlungen des XXXI. ordentlichen Landtags (1907/09), erste Abteilung: Schriftenwechsel S. 702 fg.; zweite Abteilung: Protokolle.

9. Mecklenburg-Strelitz:

Verordnung vom 19. II. 1910 betr. die Dienstvergehen der landesherrlichen nichtrichterlichen Beamten etc. (Offizieller Anzeiger 1910 Nr. 12).

10. Oldenburg:

Revidiertes Zivilstaatsdienergesetz vom 28. III. 1867 Gesetzblatt XX. Band S. 71 fg.). Dazu über 20 Abänderungsgesetze. Der Erlaß eines neuen Beamtengesetzes steht in Aussicht.

Walther Schücking: Staatsrecht des Großherzogtums Oldenburg, Tübingen 1911 (Öffentliches Recht der Gegenwart).

11. Braunschweig:

Gesetz über den Zivilstaatsdienst vom 4. IV. 1889.

H. v. Frankenberg: Staats- und Verwaltungsrecht des Herzogtums Braunschweig, 1909 (Bibliothek des öffentlichen Rechts).

A l b e r t R h a m m: Staatsrecht des Herzogtums Braunschweig, Tübingen 1908 (Öffentliches Recht der Gegenwart).

12. S a c h s e n - M e i n i n g e n:

Gesetz vom 8. III. 1898 betr. die Staatsbeamten (Verordnungs-Sammlung Bd. XXIII S. 281 fg.).

O. O b e r l ä n d e r: Staats- und Verwaltungsrecht des Herzogtums Sachsen-Meiningen, 1909 (Bibliothek des öffentlichen Rechts).

13. S a c h s e n - A l t e n b u r g:

Gesetz betr. den Zivilstaatsdienst vom 26. II. 1886 (Gesetzes-Sammlung 1886, 3. Stück).

H ä s s e l b a r t h: Staats- und Verwaltungsrecht des Herzogtums Sachsen-Altenburg, 1909 (Bibliothek des öffentlichen Rechts).

14. S a c h s e n - C o b u r g - G o t h a:

Gesetz über den Zivilstaatsdienst vom 3.V. 1852 (Gesetz-Sammlung für Gotha Bd. VIII S. 81 fg.).

15. A n h a l t:

Gesetz den Zivilstaatsdienst betr. vom 22. XII. 1875 (Gesetz-Sammlung Nr. 408).

G. S a n f t e n b e r g und W. K n o r r: Staats- und Verwaltungsrecht des Herzogtums Anhalt, 1909 (Bibliothek des öffentlichen Rechts).

16. S c h w a r z b u r g - R u d o l s t a d t:

Gesetz betr. den Zivilstaatsdienst vom 1. V. 1850 (Gesetz-Sammlung 369 fg.).

H. S c h w a r t z: Staats- und Verwaltungsrecht des Fürstentums Schwarzburg-Rudolstadt, 1909 (Bibliothek des öffentlichen Rechts).

17. S c h w a r z b u r g - S o n d e r s h a u s e n:

Staatsbeamten-Gesetz vom 19. XII. 1900 (Gesetz-Sammlung 1900 Nr. 39).

A. L a n g b e i n: Staats- und Verwaltungsrecht des Fürstentums Schwarzburg-Sondershausen, 1909 (Bibliothek des öffentlichen Rechts).

18. W a l d e c k:

Staatsdienstgesetz vom 9. VII. 1855 (Regierungsblatt 1855 S. 191 Nr. 14).

19. Reuß ältere Linie:
Gesetz vom 2. IV. 1860 die Verhältnisse der Zivilstaatsdiener etc. betr. (Gesetz-Sammlung Nr. 4 S. 33) und Abänderungsgesetz vom 3. III. 1883 (Gesetzsammlung Nr. 7 S. 43).
P. Schlotter: Staats- und Verwaltungsrecht des Fürstentums Reuß älterer und jüngerer Linie, 1909 (Bibliothek des öffentlichen Rechts).
20. Reuß jüngere Linie:
Gesetz vom 9. X. 1891 den Zivilstaatsdienst betr. (Gesetz-Sammlung Nr. 497 S. 71 fg.), Abänderungs-Gesetz vom 2. VI. 1911 (Gesetz-Sammlung Nr. 775 S. 349).
21. Schaumburg-Lippe:
Gesetz über den Fürstlichen Zivilstaatsdienst vom 8. III. 1872 (Landes-Verordnungen 1872 Nr. 6 Bd. 11 S. 299).
Beseler: Staats- und Verwaltungsrecht des Fürstentums Schaumburg-Lippe, 1910 (Bibliothek des öffentlichen Rechts).
22. Lippe:
Gesetz über den Zivilstaatsdienst vom 11. V. 1859 (Gesetz-Sammlung 1859 Nr. 12 S. 335 fg.).
23. Lübeck:
Gesetz vom 24. IX. 1879, die Rechtsverhältnisse der Beamten betr., in der Form der Bekanntmachung vom 4. V. 1899.
W. Brückner: Staats- und Verwaltungsrecht der Freien und Hansestadt Lübeck, 1909 (Bibliothek des öffentlichen Rechts).
24. Bremen:
Gesetz betr. die Rechtsverhältnisse der Beamten vom 1. II. 1894 (Gesetz-Blatt Nr. 4 S. 69).
J. Bollmann: Bremisches Staats- und Verwaltungsrecht, Bremen 1904.
J. Bollmann: Die Verfassung und Verwaltung der freien Hansestadt Bremen, 1909 (Bibliothek des öffentlichen Rechts).
25. Hamburg:
Disziplinar- und Pensionsgesetz für die nichtrichterlichen Beamten vom 7. I. 1884 § 41.

Ludwig Jens: Gesetze des Deutschen Reiches und des Hamburgischen Staates, 3. A. Hamburg 1909.

26. Elsaß-Lothringen:

Laut Kaiserlicher Verordnung vom 19. X. 1907 gilt das Reichsbeamten-Gesetz in der Fassung vom 18. V. 1907.

Nicht alle Staaten kennen eine Stellung zur Disposition, sie ist unbekannt in Hessen und Braunschweig. Dafür ist in diesen Staaten die Wirkung der Pensionierung eine von der reichsgesetzlichen derartig abweichende, daß das Institut der „Zur-Verfügung-Stellung" entbehrlich erscheint. Die Versetzung in den Ruhestand führt hier keine Beendigung des Beamtenverhältnisses herbei, sondern der pensionierte Beamte ist unter gewissen Voraussetzungen jederzeit zum Wiedereintritt in den aktiven Dienst verpflichtet.

Außer der Übereinstimmung in einigen Grundanschauungen, die hauptsächlich eine Folge des gemeinsamen Vorbildes des Reichsbeamtengesetzes ist, lassen sich in der deutschen Beamtengesetzgebung noch einzelne engere, teils lediglich durch die geographischen Verhältnisse, teils durch politische und wirtschaftliche Interessen herbeigeführte Zusammengehörigkeiten aufweisen, innerhalb derer der gegenseitige Einfluß auf die Gesetzgebung ganz besonders deutlich hervortritt. Eine solche Gruppe bilden die süddeutschen Staaten und das Königreich Sachsen, eine zweite die thüringischen Staaten, insbesondere die Ernestinischen Herzogtümer, eine dritte die drei Hansestädte, eine vierte die beiden Mecklenburg, wie überhaupt die Mehrzahl der schon äußerlich durch den Namen als zusammengehörend erkennbaren Staaten. Daß gewisse Unterschiede in der gesetzlichen Regelung des Wartestandes bedingt sind durch das verschiedene Alter der Beamtengesetze und die verschiedene Größe der Staaten, für die sie bestimmt sind, bedarf nur eines Hinweises. Eine Eigentümlichkeit der älteren Gesetze sind besonders die zahlreichen lehrbuchartigen Bestimmungen.

Die folgende Darstellung beschränkt sich auf die Betrachtung der Verhältnisse der unmittelbaren Zivilstaatsbeamten im Reiche und den Bundesstaaten; es scheiden aus die im Bereiche der Militärverwaltung oder einem der übrigen Teile der Staatstätigkeit beschäftigten Beamten, die Kolonialbeamten, die Kommunalbeamten, alle Beamte, die nicht den Bestimmungen des allgemeinen Beamtengesetzes, sondern von Spezialgesetzen unterstehen, wie z. B. regelmäßig Geistliche, Lehrer, Hofbeamte, Militäranwärter etc.

Ihrer Natur nach ist die Versetzung in den Wartestand nur zur Anwendung auf die lebenslänglichen, die Berufsbeamten bestimmt [1]), nur bei diesen ist die Regierung in ihrer Befugnis zur Amtsentziehung durch das Gesetz und zur Beschränkung der Besoldung durch den Anstellungsvertrag gebunden. Nicht lebenslänglich, auf Widerruf oder Kündigung angestellte Beamte dagegen können jederzeit nicht nur aus dem Amte, sondern dem Dienste entlassen werden, ihnen gegenüber bedürfte es daher der besonderen Wartestandsbestimmungen nicht [2]). Wenn gleichwohl in einigen Staaten ein widerruflicher oder kündbarer Beamter, wenn ihm gegenüber die Voraussetzungen für eine Versetzung in den Wartestand vorliegen, nicht entlassen werden darf, sondern in den Wartestand zu versetzen ist oder doch nach Ermessen der Regierung versetzt werden kann, so waren hierfür lediglich Erwägungen der Billigkeit maßgebend; nur in ihrer Anwendbarkeit auf Berufsbeamte liegt die Bedeutung der Wartestandsbestimmungen [3]).

Von den Berufsbeamten schließlich sind es wiederum die Verwaltungsbeamten, auf die in der Hauptsache die Wartestandsbestimmungen Anwendung zu finden haben.

---

1) Harseim § 3 S. 864; Meyer-Anschütz S. 544.

2) Pieper § 24 Anm. 4 S. 185.

3) Kündigungsbeamte können auch in den Wartestand versetzt werden, z. B. im Reiche (vgl. Pieper § 24 Anm. 4 Abs. 2 S. 185; Brand § 24 Anm. 4 S. 67; Arndt R. B. G. § 24 Anm. 1; Arndt Staatsrecht S. 650), Bayern Art. 46 (Begründung zum B. G. S. 71, Piloty S. 255), Weimar § 28 (Begründung zum B. G. S. 713), nicht in Preußen (Pieper § 24 Anm. 4 Abs. 4 S. 185); in Württemberg Art. 22a finden die Wartegeldbestimmungen auf unter dem Vorbehalte der Kündigung angestellte Beamte sinngemäß Anwendung. Liegen die Voraussetzungen der zeitlichen Versetzung in den Ruhestand vor, so ist hierwegen die Kündigung nicht zulässig. Nur nebenamtlich beschäftigte Beamte haben keinen Anspruch auf Wartegeld.

Wie für die Entlassung und Versetzung von Richtern besondere Bestimmungen gelten, so ist auch ihre Versetzung in den Wartestand in verschiedener Richtung eingeschränkt und erschwert. Die folgende Darstellung bezieht sich nur auf die Verwaltungsbeamten, die besonderen Bestimmungen für Richter befinden sich im Anhang.

Die Bezeichnungen für die Versetzung in Wartestand und den in Wartestand versetzten Beamten sind im deutschen Recht mannigfaltig: Stellung zur Disposition, Versetzung in den einstweiligen Ruhestand, einstweilige Versetzung in den Ruhestand, einstweilige Zuruhesetzung, Quieszierung, Dispositionsstellung, Quieszent, Dispositionär, Wartegeldempfänger etc. Eine handliche kurze deutsche Bezeichnung für den in Wartestand versetzten Beamten fehlt, im folgenden wird hierfür das Wort „Wartebeamter" verwendet werden, eine Wortbildung, welche der gebräuchlichen Bezeichnung „Wartebote" entspricht und mutatis mutandis das Gleiche besagt.

I. Die Versetzung in den Wartestand.

§ 2.

A. Begriff.

Der Staat stellt seine Beamten an, um sie mit der Führung eines Amtes zu betrauen, und der Beamte ist aus dem Anstellungsvertrag zur Amtsführung verpflichtet; für die Amtsführung sind ganz allein die Interessen des Staates ausschlaggebend, der Beamte ist des Amtes wegen da, nicht umgekehrt [1]; seine durch den Dienstvertrag begründeten Rechte erstrecken sich regelmäßig auf Besoldung, Rang und Titel, nicht aber auf das Amt; mit der Amtsführung betätigt er kein Recht, sondern erfüllt nur eine Pflicht [2]. Dafür ist

1) Kanngießer S. 100.

2) Laband I S. 495; Meyer-Anschütz S. 528/29. Sachsen § 19 Abs. 1: „Die Staatsdiener haben keinen Anspruch auf die wirkliche Dienstleistung und die Dienststelle, auch nicht auf Wiederanstellung bei erfolgter Quieszierung", sondern nur auf das Diensteinkommen und nach Aufhören der Dienstleistung auf einen gesetzlichen Teil desselben. Lippe § 26 Abs. 1.

andererseits das Beamtenverhältnis wie bei seiner Begründung, so auch in seiner Fortdauer unabhängig von der Verwaltung eines Amtes [1]).

Die Regierung wäre daher an sich jederzeit dem Beamten gegenüber zur Amtsentziehung auf ehrenvolle Weise berechtigt unter Belassung aller aus dem Dienstverhältnis entspringender Rechte, insbesondere des vollen Gehaltes [2]). (Die Schmälerung dieser Rechte bedürfte seiner Zustimmung, die Befreiung von seinen Pflichten dagegen nicht.) Der Beamte bleibt dann zu ihrer Verfügung und wartet auf seine Wiederindienststellung, der Staatsdienst bleibt auch fernerhin sein Lebensberuf [3]).

Die Versetzung in den Wartestand bedürfte überhaupt keiner gesetzlichen Regelung, da sich die Zulässigkeit einer derartigen Maßregel aus dem Wesen des Beamtenverhältnisses ergibt, wenn sie nur in dieser einfachen Form vorkäme, wohingegen jede Beschränkung der Regierungsbefugnisse oder der Rechte des Beamten ausdrücklich festgesetzt sein müßte.

Derartige Beschränkungen bestehen aber nach beiden Richtungen. Zum einen ist nach deutschem Recht die Regierung dem über ihr stehenden Gesetze verbunden, die Versetzung in den Wartestand nur unter ganz bestimmten Voraussetzungen und nur aus gesetzlich normierten Gründen eintreten zu lassen. Diese Selbstbeschränkung des Staates läßt sich in erster Linie aus finanzpolitischen Erwägungen erklären [4]): Der Etat soll nicht unnötigerweise mit den Gehältern unbeschäftigter Beamter belastet werden, es sind dieselben Erwägungen, aus denen die Freiheit der Regierung in der Schaffung neuer etatmäßiger, vielleicht aber entbehrlicher, Beamtenstellen eingeschränkt ist. Gründe politischer Art und allgemeine Verfassungsprinzipien kommen

---

1) Brand § 1 S. 5.

2) Harseim S. 864. Es ist dies die gegenwärtig allein herrschende Meinung, eine Ausnahme gilt nur für Coburg-Gotha (vgl. unten § 11c), sie erklärt sich aus den zur Zeit der Entstehung dieses Gesetzes noch bestehenden unrichtigen Vorstellungen vom Wesen der Beamtenstellung.

3) Meyer-Anschütz S. 544.

4) Laband S. 516; Gerber § 38 S. 117; Harseim S. 864.

hinzu, welche Schutz des Beamten gegen Willkür auch in dieser Beziehung wünschenswert erscheinen lassen. Aber immer ist im Auge zu behalten, daß diese Beschränkungen, welche eine gerechte Abwägung zwischen den Sonderinteressen der Verwaltung und den Interessen des allgemeinen Staatsganzen und der Beamtenschaft bezwecken, nicht Rechte auf Seiten der Beamten begründen, sondern nur Pflichten der Regierung gegenüber dem Gesetz.

Zum andern bedarf es ausdrücklicher Bestimmungen des Anstellungsvertrages oder des Beamtengesetzes, wenn der Beamte im Falle seiner Versetzung in den Wartestand irgend eine Schmälerung seiner Rechte, insbesondere des Besoldungsanspruches, erleiden soll, da er ohnedies Anspruch auf Fortbezug des vollen Diensteinkommens hätte [1]). In der großen Mehrzahl der Staaten besteht die ausdrückliche Bestimmung, daß der Wartebeamte nicht seine volle Besoldung, sondern nur einen bestimmten Teilbetrag derselben als „Wartegeld" zu beziehen hat.

Seine Versetzung in Wartestand zu verlangen, ist der Beamte nicht berechtigt [2]), da er ja zur Dienstleistung verpflichtet ist, solange es der Staat verlangt.

Der Begriff der Versetzung in Wartestand hat ebenso wie der der Pensionierung in den einzelnen Staaten einen materiell verschiedenen Inhalt, rein formell ist die Versetzung in Wartestand diejenige Maßregel, die von der Regierung verfügt wird, wenn die Dienste eines Beamten vorübergehend [3]) nicht verwendet werden können, ohne daß nach den geltenden gesetzlichen Bestimmungen die Voraussetzungen für eine Pensionierung oder die gänzliche Aufhebung des Dienstverhältnisses gegeben sind [4]).

Die Dispositionsstellung wird von der Regierung zumeist nach freiem Ermessen verfügt und erfolgt gegenüber einem dienstwilligen (wenn auch vielleicht nicht dienstfähigen) Beamten aus einem von ihm nicht verschuldeten (wenn

---

1) Pieper § 24 Anm. 4 S. 185.

2) Eine Ausnahme bilden die sog. politischen Beamten.

3) Nach Absicht des Gesetzes wenigstens; ob auch tatsächlich, ist eine andere Frage.

4) Harseim § 3 S. 864.

auch vielleicht verursachten) Anlaß, jedoch sind diese Merkmale nicht begriffswesentlich.

Die Versetzung in Wartestand berührt sich mit der vorläufigen Dienstenthebung und der Beurlaubung[1]), ganz anschaulich kann man sie eine Art „unfreiwillige Beurlaubung auf beliebigen Widerruf"[2]) nennen.

§ 3.

B. Die Voraussetzungen.

Die Regierung kann einen Beamten nicht beliebig zu jeder Zeit in den Wartestand versetzen, sondern nur, wenn die gesetzlichen Voraussetzungen für diese Maßregel, die in den einzelnen Staaten verschieden sind, vorliegen.

In diesem Fall die Zuruhesetzung zu verfügen, liegt in ihrem freien Ermessen, gezwungen hierzu ist sie nicht. Regelmäßig bestehen in den einzelnen Staaten mehrere Möglichkeiten.

1. Fast voraussetzungslos ist die Befugnis der Regierung in Sachsen-Altenburg, wo ein Beamter in den Wartestand versetzt werden kann, wenn „es das Interesse des Staates erheischt"[3]).

2. Etwas mehr beschränkt erscheint die Möglichkeit einer Versetzung in Wartestand, sofern sie zulässig ist aus „allgemeinen Rücksichten auf die Verwaltung"; es ist dies der Fall in einer großen Reihe von Staaten[4]).

In Bayern heißt es ganz speziell, daß ohne Verschulden des Beamten Umstände vorliegen müssen, „durch die seine amtliche Wirksamkeit auch auf einer anderen Stelle nicht bloß vorübergehend gestört wäre"[5]).

---

1) Harseim S. 864; Laband S. 430.

2) Pieper § 28 Anm. 1 S. 194.

3) Altenburg § 30.

4) Sachsen § 19 Abs. 2; Weimar § 28; Oldenburg Art. 47 Abs. 1; Meiningen Art. 19; Coburg-Gotha § 26; Anhalt § 28; Schwarzburg-Rudolstadt § 25; Schwarzburg-Sondershausen § 31; Reuß j. L. § 25; Reuß ä. L. § 25; Schaumburg-Lippe § 27; Lippe § 26; sämtlich der Bestimmung im Königreich Sachsen zum Teil wörtlich nachgebildet.

5) Bayern § 38.

Elsaß-Lothringische Landesbeamte können in den Wartestand versetzt werden, wenn sie sich zur Übernahme einer besoldeten Bürgermeister- oder Beigeordnetenstelle bereit erklärt haben [1]).

3. Wenn ein Beamter durch Krankheit, die eine Wiedergenesung erhoffen läßt, längere Zeit an der Besorgung seiner Dienstgeschäfte fast gänzlich verhindert worden und auch eine baldige Besserung nicht zu erwarten ist, so kann er in den Wartestand versetzt werden. In der Mehrzahl der Staaten muß der Beamte durch die Krankheit wenigstens 6 Monate lang an der Amtsführung verhindert worden sein [2]), in einigen sogar ein Jahr lang [3]), dagegen genügt es in Meiningen [4]), wenn er nur vorübergehend dienstuntauglich geworden ist.

4. Die verbreitetste und fast allen Staaten bekannte Voraussetzung zur Versetzung in Wartestand entstammt dem preußischen Recht und ist aus diesem in das Reichsrecht übernommen worden.

Nach Reichsrecht kann jeder Reichsbeamte unter Bewilligung des gesetzlichen Wartegeldes einstweilig in den Ruhestand versetzt werden, wenn das von ihm verwaltete Amt infolge einer Umbildung der Reichsbehörden aufhört und er dadurch entbehrlich wird. Eine derartige Veränderung in der Behördenorganisation liegt nur dann vor, „wenn durch eine organische Maßregel der Bestand oder die Einrichtung eines Dienstzweiges oder einer Kategorie von Behörden aufgehoben oder verändert wird" [5]), es genügt nicht, eine bloß veränderte Regelung oder Vereinfachung in dem Geschäftsgang einer bestehenden Behörde, eine Verminderung der Geschäfte oder Veränderung in den Einrichtungen einer

1) Gesetz vom 4. Juli 1887.

2) Weimar § 28b; Oldenburg Art. 47 Abs. 1; Coburg-Gotha § 26; Anhalt § 28; Schwarzburg-Rudolstadt § 25; Schwarzburg-Sondershausen § 31; Reuß j. L. § 25; Schaumburg-Lippe § 27; Lippe § 26; Waldeck § 39.

3) Sachsen Gesetz vom 3. VI. 1876 § 8; Reuß ä. L. § 25 Abs. 3 Gesetz von 1883.

4) Meiningen Art. 19.

5) Drucksachen des Bundesrats 1871 Nr. 176 S. 6.

solchen und die dadurch nötige Einziehung eines einzelnen Amtes oder Verringerung der Zahl der an einer Behörde verwendeten Beamten [1]).

Eine Veränderung in der Behördenorganisation kann durch Gesetz oder Verordnung erfolgen; ist reichsgesetzlich ein Gesetz notwendig, so kann eine Zuruhesetzung erst nach dessen Erlaß erfolgen [2]). Das betreffende Gesetz kann auch für die überflüssig werdenden Beamten besondere Bestimmungen treffen [3]).

Eine Umbildung der Organisation der Staatsbehörden als Voraussetzung für die Versetzung in Wartestand ist nur in Altenburg und Reuß ä. L. unbekannt [4]). Der Begriff der Organisationsveränderung ist in einigen Staaten weiter gefaßt als nach Reichsrecht.

So genügt in Württemberg auch die veränderte Einrichtung einer öffentlichen Lehranstalt, in den beiden Mecklenburg schon eine Veränderung im Geschäftsbereich der Behörden; in Oldenburg kann die Zuruhesetzung erfolgen, „wenn einzelne Stellen entbehrlich werden", in Lübeck und Bremen, „wenn das vom Beamten verwaltete Amt aufhört", in Hamburg sogar bei einer bloßen Umgestaltung des Amtes.

5. Eine Versetzung in Wartestand als Disziplinarstrafe kennt das preußische und oldenburgische Recht. Sie kann in Preußen erfolgen, wenn gegen die Ansicht des Staatsministeriums ein wegen Dienstvergehens verfolgter Beamter in beiden Instanzen freigesprochen worden ist:

„Lautet die Entscheidung oder das Gutachten des Disziplinarhofs auf Freisprechung des Angeschuldigten oder

---

1) Pieper § 24 Anm. 1 und 3; Brand § 24 Anm. 2; Perels § 24 Anm. 1; Kanngießer § 24 Anm. 1; Begr. zum Bayerischen B. G. S. 70.

2) Laband I S. 518.

3) Wie dies z. B. in § 28 E. G. zum M. St. G. O. vom 1.XII.1898. geschehen ist.

4) R. B. G. § 24; Preußen Allerh. Erlaß vom 14.VI. 1848; Bayern Art. 38; Sachsen § 19 II; Württemberg Art. 22 I; Baden § 33; Schwerin § 78; Weimar § 28; Strelitz § 78; Oldenburg Art. 47 Abs. 1; Meiningen Art. 19; Coburg-Gotha § 26; Anhalt § 28; Rudolstadt § 25; Sondershausen § 31; Waldeck § 39; Reuß j. L. § 25; Schaumburg-Lippe § 27; Lippe § 26; Lübeck § 29; Bremen § 34; Hamburg § 41.

nur auf Warnung oder Verweis, so kann das Staatsministerium, wenn es den Angeschuldigten strafbar findet, nicht die Strafe der Dienstentlassung, sondern nur eine geringere Disziplinarstrafe verhängen oder die einstweilige Versetzung in den Ruhestand mit Wartegeld verfügen" [1]).

In Oldenburg kann im Wege des förmlichen Disziplinarverfahrens als Strafe die Enthebung vom Amte unter Belassung der Hälfte der Besoldung als Wartegeld ausgesprochen werden. Auf einen derartigen Beamten finden die Vorschriften über die Rechtsverhältnisse der zur Disposition gestellten Beamten entsprechende Anwendung [2]).

6. Eine Ausnahmestellung nehmen nach deutschem Recht bestimmte Kategorien höherer Beamter ein, die eine besondere Vertrauensstellung innehaben [3]) und bei denen deshalb die „Notwendigkeit einer fortdauernden Übereinstimmung in prinzipiellen Ansichten mit der leitenden Autorität" [4]) besteht.

Diese Beamten können jederzeit, ohne daß eine der vorgenannten fünf Voraussetzungen vorzuliegen brauchte, einstweilen in den Ruhestand versetzt werden [5]). Es ist dies eine politische Maßregel, die es den verantwortlichen Leitern der Staatsverwaltung ermöglichen soll, sich mit Bearbeitung politischer Angelegenheiten betrauter Beamter zu entledigen, wenn diese dabei ihre politischen Anschauungen nicht teilen. Die „Einheit des regierenden Willens" [6]) soll geschützt werden.

Es würde unzulässig sein, einen solchen Beamten willkürlich um seines Vorteils oder Nachteils willen und nicht aus politischen Gründen zur Disposition zu stellen [7]).

---

1) § 46 Disziplinargesetz vom 21. VII. 1852.

2) Gesetz vom 26. III. 1906 Art. II.

3) Schwerin und Strelitz § 79/6.

4) Begründung zum Entwurf des R. B. G. von 1872 S. 71.

5) Besondere Bestimmungen über die Versetzung von Ministern etc. in den Wartestand fehlen in Bayern, Württemberg, Anhalt, Reuß ä. und j. L. und Lippe.

6) Pieper § 25 Anm. 1a.

7) Pieper § 25 Anm. 1a.

Die Zahl dieser sog. politischen Beamten ist verhältnismäßig groß im Reiche, hier sind es (§ 25 Reichsbeamtengesetz):

Der Reichskanzler, die Staatssekretäre, die Unterstaatssekretäre, Direktoren und Abteilungschefs in den dem Reichskanzler unmittelbar unterstellten obersten Reichsbehörden, in der Reichskanzlei und in den Ministerien, die vortragenden Räte und etatsmäßigen Hilfsarbeiter in der Reichskanzlei und im Auswärtigen Amte, die Militär- und Marineintendanten, die Ressortdirektoren für Schiffbau und die Ressortdirektoren für Maschinenbau in der Kaiserlichen Marine, die Vorsteher der diplomatischen Missionen und der Konsulate, sowie die Legationssekretäre.

Unter Vorstehern der Konsulate sind nur die Berufskonsuln zu verstehen, da nur diese ein Gehalt beziehen [1]). Fernerhin der Oberreichsanwalt und die Reichsanwälte (Gerichtsverfassungsgesetz § 150), der Obermilitäranwalt und die Militäranwälte (Militärstrafgerichtsordnung § 107 Abs. 2), in den Kolonien die Gouverneure, erste Referenten und Referenten beim Gouvernement auf immer, alle anderen Kolonialbeamten nur bis zur Dauer von drei Jahren (§ 12 Kolonialbeamtengesetz vom 8. VI. 1910).

Die Bestimmung des Reichbeamtengesetzes stammt aus dem preußischen Recht; dem Reichsrecht wieder nachgebildet sind die Vorschriften in den beiden Mecklenburg, Baden und Elsaß-Lothringen [2]).

In der Mehrzahl der Staaten werden als politische Beamte angesehen nur die stimmberechtigten verantwortlichen Mitglieder des Staatsministeriums resp. der Staatsminister.

---

1) Brand § 25 Anm. 2 S. 67; Pieper § 25 Anm. 6 S. 189.

2) Die Ressortdirektoren für Schiff- und Maschinenbau in der Kaiserlichen Marine sind erst durch die Novelle vom 17. V. 1907 eingefügt worden.

Über die außerordentlich eingehenden Debatten, die dieser Paragraph des Entwurfs seinerzeit im Reichstag gezeitigt hat, vergl. die ausführlichen Berichte bei Kanngießer § 25 S. 103 fg.

Preußen § 87 Disziplinargesetz vom 21. VII. 1852 (Ges.-Sammlung 465) und V. O. vom 23. IX 1867 Art. VI; Baden § 32/33; Mecklenburg § 79, § 6.

Diese Beamten können nicht nur jederzeit in den Wartestand versetzt werden, sondern regelmäßig auch unter Berufung auf ihre verfassungsmäßige Verantwortlichkeit ihre Versetzung in Wartestand verlangen [1]).

In Lübeck, Bremen und Hamburg kann der Senat im Interesse des Dienstes jederzeit einen Beamten der Staatsanwaltschaft einstweilig in den Ruhestand versetzen [2]).

§ 4.

C. Das Verfahren.

1. Die zuständige Stelle. Fehlt eine ausdrückliche Bestimmung darüber, wer im einzelnen Falle zuständig ist, die Versetzung in den Wartestand zu verfügen, so gilt der folgende Grundsatz: Zum Erlaß der Verfügung berechtigt ist die Anstellungsbehörde [3]); ist der Beamte daher vom Landesherrn selbst ernannt worden, so wird seine Versetzung in den Wartestand durch diesen verfügt, andernfalls durch die zu seiner Ernennung zuständige Stelle, zumeist das betr. Ministerium [4]); wenn es sich aber um einen politischen Beamten handelt, ist stets der Kaiser oder der Landesherr zuständig [5]).

An ausdrücklichen Bestimmungen, die von diesem Grundsatz abweichen, gibt es die folgenden:

a) Die Versetzung in den Wartestand verfügt das Staatsministerium; ist der Beamte fest angestellt, so ist landesherrliche Genehmigung erforderlich [6]) oder

---

1) Sachsen-Weimar § 35; Oldenburg Art. 51 § 1 und Gesetz vom 1. IV. 1911; Meiningen Art. 19 Abs. 3; Altenburg § 33; Coburg-Gotha § 33; Schwarzburg-Rudolstadt § 32; Schwarzburg-Sondershausen § 37; Schaumburg-Lippe § 34; Waldeck § 41.

2) Lübeck Richter-Disziplinargesetz vom 21. IV. 1879 § 27; Bremen § 124 A. G. zum G. V. G. vom 17. V. 1879; Hamburg § 87 A. G. zum G. V. G. vom 23. IV. 1870.

3) So ausdrücklich Reuß ä. L. § 25 Abs. 4 Gesetz von 1883.

4) Bayern Art. 69; Baden § 53; Oldenburg Art. 48 § 1; Meiningen Art. 19.

5) R. B. G. § 25; Preußen Disziplinargesetz vom 21. VII. 1852 § 87; Stengel Wörterbuch S 865; Sachsen § 9, im Falle § 19 genügt Königl. Genehmigung.

6) Weimar § 28 Abs. 3; Anhalt § 29; Schwarzburg-Rudolstadt § 26 Abs. 1; Reuß j. L. § 26 Abs. 1.

b) stets der Landesherr resp. Senat[1]) oder
c) stets das Staatsministerium resp. Landesdirektor[2]).

2. Die Verfahrensvorschriften. Die Versetzung in Wartestand wird, mangels besonderer Bestimmungen, von der zuständigen Stelle im Verwaltungswege verfügt[3]). Die Anrufung der ordentlichen Gerichte zur Nachprüfung, ob die gesetzlichen Voraussetzungen für eine Dispositionsstellung vorliegen, ist ausgeschlossen[4]), dagegen die Verwaltungsbeschwerde zulässig[5]). Die betreffende Verfügung wird regelmäßig den Zeitpunkt, von dem an der Wartestand eintritt, und die Höhe des Wartegeldes festsetzen[6]).

Die vorhandenen gesetzlichen Verfahrensvorschriften sind in einigen Fällen nur allgemeiner Natur; so wird z. B. bestimmt, daß das Ministerium den Beamten nur mit Genehmigung des Landesherrn in den Wartestand versetzen kann[7]), oder der Landesherr nur auf Antrag des Staatsministeriums[8]), oder daß der Beamte vorher stets schriftlich oder mündlich zu hören ist[9]).

Der Regel nach aber richtet sich das zu beobachtende Verfahren nach dem einzelnen Fall, d. h. es ist verschieden, je nach dem Grunde, aus dem die Versetzung in Wartestand erfolgt.

---

1) Altenburg § 30; Schaumburg-Lippe § 28 Abs. 4; Lippe § 27; Lübeck § 29; Bremen § 34.

2) Coburg-Gotha § 27; Schwarzburg-Sondershausen § 31 Abs. 1; Waldeck § 39 und Gesetz vom 18. I. 1869.

3) Gesetzliche Verfahrensvorschriften fehlen im Reiche, Preußen, Bayern, Württemberg, Baden, Mecklenburg, S.-Altenburg, S.-Meiningen und den drei Hansestädten.

4) So z. B. ausdrücklich Schwarzburg-Sondershausen § 31; vgl. Perels § 24 Anm. 1 S. 81; Begründung zum weimarischen B. G. S. 713, stenographische Berichte S. 1585 fg.

5) In Württemberg außerdem die Rechtsbeschwerde an den Verwaltungsgerichtshof (Art. 13 Gesetz über die Verwaltungsrechtspflege vom 6. XII. 1876; Gugel Art. 22 Anm. 1).

6) R. B. G. § 27.

7) So z. B. Schwarzburg-Sondershausen § 31 Abs. 1; Anhalt § 29; Weimar § 28 nur bei festangestellten Beamten.

8) Oldenburg Art. 48 § 1.

9) Weimar § 28.

1. Soll der Beamte aus allgemeinen Rücksichten auf die Verwaltung entlassen werden, so kann dies nur erfolgen:

„1. Nach vorgängigem, gehörig begründeten Gutachten der Dienst- und Anstellungsbehörde,
2. nachdem der Diener binnen einer ihm zu bestimmenden Frist mit einer Gegenvorstellung gehört,
3. hierauf die Sache im Gesamtministerio beraten und
4. die Genehmigung hierzu vom Könige erteilt worden ist" [1]).

2. Die eingehendsten Vorschriften sind gegeben für den Fall der Dispositionsstellung wegen Krankheit; es hat nämlich der nächste Vorgesetzte des Beamten „unter Zugrundelegung eines motivierten Gutachtens des Physikus und nach Befinden des Hausarztes, sowie unter Umständen des Gutachtens anderer geeigneter Sachverständiger, die zeitliche Geschäftsbehinderung zu ermitteln, den Staatsbeamten selbst, soweit es möglich ist, darüber zu hören, etwa erforderliche weitere Erörterungen anzustellen und dann an das Ministerium Bericht zu erstatten" [2]).

3. Handelt es sich um eine Umbildung der Behördenorganisation, so ist die Entscheidung darüber, ob infolge einer solchen Umbildung das Amt aufhört, ausschließlich im Verwaltungsweg zu treffen [3]).

Für die übrigen Fälle fehlen besondere Verfahrensvorschriften.

1) Sachsen § 19 Abs. 2; ebenso Reuß j. L. § 26 Abs. 3; Schwarzburg-Rudolstadt § 26 Abs. 3; ähnlich Oldenburg Art. 48 § 3; Coburg-Gotha § 27; Lippe § 27; Schaumburg-Lippe § 28 Abs. 3; in Schwarzburg-Sondershausen § 31 ist nur der Beamte, wenn angängig, vorher zu hören.

2) Reuß j. L. § 26 Abs. 2; ebenso z. T. wörtlich gleichlautend Coburg-Gotha § 27, Oldenburg Art. 48 § 2, Schwarzburg-Rudolstadt § 26 Abs. 2, Waldeck § 40 Abs. 1, Schaumburg-Lippe § 28 Abs. 1, Lippe § 27 Abs. 1; in Schwarzburg-Sondershausen § 31 ist der Beamte wenn angängig vorher zu hören; in Reuß ä.L. § 25 Abs. 4 Gesetz v. 1883 ist die Versetzung in Wartestand „dem betroffenen Beamten mindestens einen Monat vor Eintritt der Maßregel bekannt zu machen und ihm eine Gegenvorstellung in 14tägiger ausschl. Frist nachzulassen". Nach § 29 ist der Beamte außerdem verpflichtet, sich wegen Feststellung seiner zeitlichen Dienstuntauglichkeit unweigerlich der Untersuchung und Beobachtung des hierzu beauftragten Arztes zu unterwerfen.

3) R. G. Zivils. Band 12 S. 70.

§ 5.

D. Beginn des Wartestandes.

Der Wartestand beginnt mit dem in der Verfügung festgesetzten Zeitpunkt. In Weimar wird über die Versetzung in Wartestand eine Urkunde ausgestellt, in der der Tag des Eintritts in den Wartestand, der Betrag des Wartegehaltes und der Zeitpunkt, mit dem er beginnt, anzugeben ist (Wartestandsurkunde) [1]).

Der Zeitpunkt der Versetzung in Wartestand ist unabhängig vom Beginn der Wartegeldzahlung, im Gegensatz zur letzteren beginnt der Wartestand, wenn dienstliche oder politische Gründe es erheischen, oft sogar schon mit dem Tage der Bekanntmachung der betr. Verfügung. Nur wenn die Dispositionsstellung wegen Fortfall eines Amtes erfolgen soll, wird sie regelmäßig so zeitig bekannt gegeben werden können, daß das Ende der Beamtentätigkeit mit dem Aufhören der Gehaltszahlung und dem Beginne des Wartegeldes zusammenfällt [2]).

II. Der Wartestand.

§ 6.

Die folgende Darstellung wird zeigen, inwieweit durch die Versetzung in den Wartestand eine Änderung in der rechtlichen Stellung des Beamten eintritt. Die umfangreichen Bestimmungen über die vermögensrechtliche Seite des Wartestandes können bei der Betrachtung seiner rechtlichen Natur auf wenige Angaben beschränkt werden, es erschien deshalb zweckmäßig, die Bestimmungen über das Wartegeld in einem besonderen Abschnitt zu behandeln.

A. Die rechtliche Stellung des Wartebeamten.

Der Wartebeamte führt eine Amtsverwaltung nicht mehr, kann aber jederzeit zur Dienstleistung wieder berufen

---

1) Weimar § 29.

2) cf. Pieper § 27 Anm. 3/4 S. 192; Brand § 27 Anm. 3 S. 69; vgl. auch unten § 13.

werden, er nimmt demnach eine Mittelstellung ein zwischen dem aktiven Beamten und dem pensionierten.

Welcher Art aber ist diese Stellung? Denkbar sind drei Möglichkeiten: entweder teilt der Wartebeamte seine Rechte und Pflichten grundsätzlich mit dem aktiven Beamten und unterscheidet sich von diesem nur insoweit, als dies ausdrücklich bestimmt ist; oder der Wartebeamte untersteht grundsätzlich den für den Pensionär geltenden Normen; oder schließlich: der Wartebeamte stellt ein vollkommen Neues dar, das Analogien sowohl nach der einen wie nach der anderen Seite ausschließt und deshalb auch so eingehend geregelt ist, daß es ergänzender Bestimmungen von anderer Seite nicht bedarf.

Die Frage nach der rechtlichen Stellung des Wartebeamten kann beantwortet werden entweder auf Grund einer eingehenden Würdigung der gesamten über den Wartestand vorhandenen gesetzlichen Bestimmungen oder durch das Gesetz selbst. Der letztere Weg ist jedenfalls der einfachere:

„Ein mit Wartegeld zur Disposition gestellter Beamter bleibt Staatsbeamter mit allen Rechten und Pflichten eines solchen, soweit sie nicht Ausfluß eines speziellen Amtes sind" [1])

oder weniger erschöpfend:

„Die zur Disposition gestellten Staatsdiener bleiben in dem Rechtsverhältnisse eines Staatsdieners" [2]).

oder:

„Wartegeldempfänger sind wirkliche Beamte, die nur zur Zeit nicht beschäftigt werden können" [3]).

Auch in den verhältnismäßig wenigen Beamtengesetzen, in denen eine derartige ausdrückliche Bestimmung — offen-

---

1) Altenburg § 32 Abs. 1; ebenso Laband S. 519.

2) Schwarzburg-Rudolstadt § 28; ebenso Sachsen § 19 Abs. 3; Weimar § 32 Abs. 1; Oldenburg Art. 50 § 2; Sachsen-Meiningen Art. 21 Abs. 1; Schwarzburg-Sondershausen § 33; Coburg-Gotha § 29 Abs. 1; Anhalt § 22 Abs. 1; Waldeck § 43; Reuß ä. L. § 25 Abs. 5 Gesetz von 1883), Reuß j. L. § 28 Abs. 1; Schaumburg-Lippe § 30; Lippe § 29 Abs. 1.

3) Preußen Ministerial-Reskript vom 12. VIII. 1821 (v. Kamptz Ann. S. 515).

bar als überflüssig — fehlt, ergibt eine Prüfung das gleiche Resultat. Der Wartebeamte, der tatsächlich eine Mittelstellung einnimmt, ist im Zweifel nach den für den aktiven Beamten geltenden Vorschriften zu beurteilen[1]), er ist Beamter ohne Amt.

---

1) Die Verhältnisse in Baden, wo der Wartebeamte im wesentlichen zur Kategorie der pensionierten Beamten zu rechnen ist, bilden nur scheinbar eine Ausnahme von diesem Grundsatz, da die rechtliche Stellung des badischen Pensionärs eine von den üblichen sehr abweichende ist.

In Bayern ist die Versetzung in Ruhestand entweder
einstweilige Versetzung in Ruhestand mit Wartegeld (Wartestand, im wesentlichen den reichsrechtlichen Bestimmuagen entsprechend)
oder
Versetzung in den Ruhestand mit Ruhegehalt (Pensionierung).

Ist die Pensionierung wegen eines körperlichen Gebrechens oder Schwäche der körperlichen oder geistigen Kräfte erfolgt, so kann der Beamte, wenn er seine Dienstfähigkeit wieder erlangt hat, unter den gleichen Voraussetzungen, unter denen eine Versetzung erfolgen kann, wieder zur Dienstleistung berufen werden, sofern er nicht bereits das 65. Lebensjahr überschritten hat. (Art. 64 Abs. 1.) Erscheint gleich bei der Pensionierung der Wiedereintritt der Dienstfähigkeit nicht ausgeschlossen, so wird die Versetzung in den Ruhestand zunächst nur auf die Dauer der voraussichtlichen Dienstunfähigkeit verfügt (Art. 49). Es wird demnach noch unterschieden zwischen zeitlicher und dauernder Versetzung in Ruhestand mit Ruhegehalt.

Die Versetzung in dauernden Ruhestand mit Ruhegehalt ist Pensionierung. Die rechtliche Stellung des Pensionärs weicht ähnlich wie in Baden von der üblichen insofern ab, als das Dienstverhältnis durch die Pensionierung nicht gelöst wird, insbesondere die Disziplinargewalt in gewissem beschränktem Umfange bestehen bleibt, sie ist aber im Gegensatz zu Baden grundsätzlich eine von der des Wartebeamten abweichende. Zweifel können höchstens bestehen hinsichtlich der rechtlichen Stellung der zeitlich in den Ruhestand versetzten Beamten. Die Frage, ob sie etwa zur Disposition stehen, ist aber zu verneinen, da die Beifügung einer Zeitbegrenzung nur die Bedeutung hat, daß nach Ablauf der bestimmten Frist in die neuerliche Würdigung der Frage eingetreten werden soll, ob der Beamte wieder zur Dienstleistung zu berufen ist. Erfolgt diese Einberufung aus irgend einem Grunde nicht, so verbleibt der Beamte auch nach Ablauf dieser Frist im Ruhestande (Art. 64 Abs. 1) mit genau denselben Rechten und Pflichten wie der wegen Krankheit dauernd in Ruhestand versetzte und wieder gesundete Beamte. Vgl. auch Piloty S. 253; Begründung zum bayerischen B. G. S. 70.

Aus diesem auch in der Literatur[1]) anerkannten Grundsatz ergeben sich die folgenden Konsequenzen:

Der Wartebeamte hat dieselben Rechte und Pflichten wie der Aktivbeamte. Es fallen aber weg einmal diejenigen, deren Bestehen naturnotwendig mit der Führung eines Amtes verknüpft ist[2]), zum andern treten Veränderungen ein nur soweit es ausdrücklich durch das Gesetz bestimmt wird. Die Punkte, in denen seine Stellung eine von der des Aktivbeamten aus den beiden genannten Gründen abweichende ist, bedürfen der eingehenderen Darstellung, nicht so dagegen die Rechte und Pflichten, die er mit diesem teilt.

§ 7.

I. Die Pflichten.

Unter Berücksichtigung der gewonnenen Grundsätze werden zunächst die Pflichten des Wartebeamten dargestellt werden.

a) Den allgemeinen Beamtenpflichten, die lediglich durch Eintritt in das Beamtenverhältnis begründet werden, untersteht der Wartebeamte nach wie vor.

1. Die Dienstpflicht.

Das Beamtenverhältnis wird eingegangen zu dem Zwecke, den Beamten mit der Führung eines Amtes zu betrauen, es setzt also eine Bereitwilligkeit des Beamten hierzu voraus. Diese Pflicht zur Dienstbereitschaft ist suspendiert während der Dauer einer Amtsführung und lebt sofort wieder auf mit dem Wegfall des Amtes[3]). Die Amtspficht, d. h. die Pflicht, das übertragene Amt gewissenhaft zu führen, ist eine Art der Erfüllung der Dienstpflicht, d. h. der Pflicht zur Bereitwilligkeit zum Dienste.

Dieser Dienstpflicht untersteht der Wartebeamte, er ist grundsätzlich unter denselben Voraussetzungen, unter denen

1) Laband S. 519; Meyer-Anschütz S. 544; Pieper S. 182; Brand S. 65; Perels S. 81 Anm. II; Kanngießer S. 101; Rehm Ann. 1885 S. 85.

2) Welche im Einzelfall hierzu gehören, darüber sind die Ansichten freilich oft geteilt.

3) Rehm Ann. 1885 S. 85.

er sich die Versetzung in ein anderes Amt gefallen lassen muß[1]), verpflichtet, jederzeit ein Staatsamt wieder zu übernehmen[2]). Seine Reaktivierung steht rechtlich einer Versetzung gleich von seiner zuletzt vor der Versetzung in Wartestand bekleideten Amtsstelle auf eine neue[3]). Durch das Gesetz kann die Wiederanstellung eines Wartebeamten natürlich auch an andere Voraussetzungen geknüpft werden, als die Versetzung.

Die Bedingungen, unter denen der Wartebeamte zum Wiedereintritt in den aktiven Dienst verpflichtet ist, sind in den einzelnen Beamtengesetzen sehr verschieden; es sind die folgenden:

1. Die neue Tätigkeit muß der Berufsbildung[4]), den Fähigkeiten) und der Leistungsfähigkeit[6]) des Beamten entsprechen.

---

1) Dieser Hinweis auf die Voraussetzungen, unter denen eine Versetzung statthaft ist, findet sich mehrfach, so z. B. im R. B. G. § 28; Bayern Art. 42; Baden § 49 Abs. 1; Mecklenburg § 81/77; Weimar § 32; Meiningen Art. 21/17; Altenburg § 32/27; Anhalt § 32; Sondershausen § 33; Lübeck § 31; Bremen § 36; vgl. auch Gugel Art. 22 Anm. 3b S. 48.

2) Auch wenn er in der Zwischenzeit gewinnbringende außeramtliche Beschäftigung gefunden hat (Pieper § 28 Anm. 2a S. 195), selbstverständlich erst nach Wiederherstellung von einer etwaigen Krankheit (Begründung zum weimarischen B. G. S. 714).

3) In Preußen, wo die Voraussetzungen, unter denen der Wartebeamte zur Wiederübernahme eines Amtes verpflichtet ist, nicht gesetzlich fixiert sind, ist dieser Grundsatz ausschlaggebend (§ 87 Nr. 1 Disziplinargesetz vom 21.VII. 1852: gleicher Rang und gleiches etatsmäßiges Diensteinkommen, Vergütung der Umzugskosten). Ganz allgemein die Pflicht, „eine anderweite dienstliche Stellung, für die er als geeignet erachtet wird, zu übernehmen" (so Rheinbaben S. 377d) besteht für den Beamten nicht.

4) R. B. G. § 28, 23; Bayern Art. 42, 9 Abs. 1; Sachsen § 19 Abs. 3; Württemberg Art. 26 Abs. 1; Baden § 49 Abs. 1 § 5 Abs. 1; Mecklenburg § 81, 77; Weimar § 27; Oldenburg Art. 50 § 1; Meiningen Art. 21 Abs. 1, Art. 17; Altenburg § 32, 27; Coburg-Gotha § 29 Abs. 1; Anhalt § 32, 22; Schwarzburg-Rudolstadt § 28; Schwarzburg-Sondershausen § 33, 29; Reuß j. L. § 28 Abs. 1; Lübeck § 31, 28; Bremen § 36, 33; Hamburg § 41.

5) Waldeck § 44; Schaumburg-Lippe § 30; Lippe § 30.

6) Altenburg, Schwarzburg-Sondershausen a. a. O.

2. Das angetragene Amt muß mindestens den gleichen behördlichen Rang wie sein früheres haben; nicht genügt es, wenn dem Beamten sein bisheriger höherer persönlicher Rang belassen wird, sondern der Rang des Amtes muß mindestens der gleiche sein[1]).

3. Das etatmäßige Diensteinkommen des neuen Amtes muß das seines früheren mindestens erreichen[2]), womit nicht gesagt ist, daß nicht der Beamte trotzdem finanziell schlechter gestellt werden kann. Unberücksichtigt bleiben vor allem die Aussichten auf Gehaltssteigerung, auch wenn diese im früheren Amt günstiger waren[3]), und alle Nebeneinnahmen. Als eine Verkürzung im Einkommen ist es daher nicht anzusehen, wenn eine Veränderung in den anrechnungsfähigen Naturaldienstbezügen eintritt oder die Gelegenheit zur Verwaltung von Nebenämtern entzogen wird oder wenn die Ortszulage oder Dienstaufwandsentschädigungen wegfallen[4]). Der Woh-

---

1) Brand § 23 Anm. 2a S. 63; so im Reiche, Bayern, Sachsen, Mecklenburg, Weimar, Altenburg, Anhalt, l. c., etwas allgemein heißt es in einigen Staaten, daß der Beamte eine seinem früheren Dienste, d. h. Dienststellung angemessene Stelle zu übernehmen hat, so in Oldenburg, Coburg-Gotha, Rudolstadt, Waldeck, Reuß j. L., Schaumburg-Lippe, Lippe, Lübeck, Bremen, Hamburg, l. c.; in Reuß ä. L. § 25 Abs. 7 Gesetz von 1883: ein der früheren Stellung entsprechendes oder ähnliches Amt; in Meiningen und Sondershausen, l. c., ist nur erforderlich, daß das neue Amt dem bisherigen nicht dienstlich untergeordnet ist; in Württemberg, l. c., genügt es, wenn der Beamte unter Beibehaltung seines persönlichen Ranges in ein Amt versetzt wird, das von seinem früheren Dienstgrad nicht zu entfernt steht; in Baden, l. c., schließlich muß die neue Stelle nur etatsmäßig sein.

2) So im Reiche, Bayern, Baden, Mecklenburg, Weimar, Meiningen, Altenburg, Anhalt, Sondershausen, Reuß ä. L., Lübeck, Bremen, l. c.; in den übrigen Staaten ist gleicher Gehalt nicht unter den Voraussetzungen für den Wiedereintritt genannt, sondern nur bestimmt, daß der Beamte im Falle seines Wiedereintritts mindestens den gleichen Gehalt erhält, was im Erfolg natürlich auf dasselbe herauskommt, so in Preußen Reskript vom 21. X. 1848 und 28. X. 1849 bei Herrfurth S. 805, Sachsen, Württemberg, Oldenburg, Coburg-Gotha, Rudolstadt (Art. 21 Gesetz vom 13. III. 1908), Waldeck, Reuß j. L., Schaumburg-Lippe, Lippe und Hamburg, l. c.

3) Brand § 23 Anm. 2c S. 63; Begründung zum weimarischen B. G. S. 712.

4) Mecklenburg-Schwerin § 81, 77.

nungsgeldzuschuß gehört zwar zum Diensteinkommen, doch gilt die Versetzung in einen Ort mit höherem oder niedrigerem Wohnungsgeldzuschuß nicht als eine Vermehrung oder Verminderung des Gehaltes [1]).

4. Dem Beamten sind die vorschriftsmäßigen Umzugskosten zu gewähren von seinem jetzigen Wohnort, nicht etwa dem letzten Amtssitz, nach der neuen Stelle [2]).

5. Die Reaktivierung muß durch das dienstliche Bedürfnis erfordert [3]) und

6. von der zuständigen Dienstbehörde verfügt werden [4]).

Hinsichtlich der Voraussetzungen unter 3 und 4 steht der Rechtsweg offen, sonst nur die Verwaltungsbeschwerde. Über die Voraussetzung unter 1 und 5 entscheidet die zuständige Behörde nach freiem Ermessen, aus Billigkeitsgründen wird der Beamte vorher gehört werden.

Liegen die nötigen Voraussetzungen nicht vor, so steht die Annahme des Amtes im freien Willen des Beamten.

Zum Wiedereintritt in den aktiven Dienst ist der Beamte sofort mit seiner Berufung verpflichtet. Regelmäßig wird die vorgesetzte Behörde ihm schon von selbst angemessene Zeit vor seiner Wiedereinstellung Mitteilung zukommen lassen. Einige Beamtengesetze bestimmen aber ausdrücklich, daß der Beamte erst binnen einer bestimmten Frist nach Bekanntgabe — 3 Monate — zum Antritt an der neuen Stelle verpflichtet ist [5]).

Hinsichtlich der Voraussetzungen, unter denen zur Disposition stehende Minister zur Übernahme eines Staatsamtes verpflichtet sind, gelten zumeist besondere Bestimmungen [6]). Sie sind entweder schlechthin zur Annahme

---

1) Meyer-Anschütz S. 532.

2) So z. B. in Preußen, § 8 Umzugskostengesetz vom 24. II. 1877, Reich, Bayern, Baden, Mecklenburg, Weimar, Altenburg, Anhalt, Sondershausen, l. c., zum Teil mit der Klausel „wenn die Wiederanstellung nicht lediglich auf seinen Antrag erfolgt".

3) So im Reich, Weimar, Mecklenburg, Lübeck, Bremen, l. c.

4) Z. B. Baden, l. c.: „auf Anfordern der zuständigen Dienstbehörde".

5) Württemberg Art. 26 Abs. 2; Baden § 49 Abs. 3.

6) Nicht z. B. im Reiche, Baden, Mecklenburg, Meiningen, Alten-

einer dem Ministerposten zunächststehenden Stelle [1]) außerhalb des Ministeriums [2]) verpflichtet oder nur für den Fall, daß sie nicht einer Abteilung des Ministeriums wenigstens 5 Jahre lang vorgestanden haben oder ihre Versetzung in den Ruhestand fordern können [3]).

Ist der Gehalt der neuen Stelle geringer als das gesetzliche Wartegeld (oder das vor Eintritt in das Ministerium bezogene Gehalt [4]), so ist es auf dessen Betrag zu erhöhen [5]).

Ein späterer Warte- oder Ruhegehalt sowie Witwen- und Waisengeld richten sich auch fernerhin nach der als Minister bezogenen Besoldung [6]).

In Lübeck und Hamburg [7]) müssen Beamte der Staatsanwaltschaft ein Richteramt mit mindestens gleichem Gehalt bei Verlust des Wartegeldes annehmen, Amtsanwälte ohne Befähigung zum Richteramt „ein anderes Staatsamt" mit mindestens gleichem Gehalt.

Der Wartebeamte kann nicht nur mit der Führung eines Amtes beauftragt werden; er kann auch jederzeit zur

---

burg hinsichtlich des Staatsministers, Waldeck, l. c., hier sind die Voraussetzungen die gleichen, wie bei den übrigen Beamten, da über den Wiedereintritt von Ministern etwas abweichendes nicht bestimmt ist, außerdem in allen Staaten, in denen besondere Vorschriften über die Dispositionsstellung von Ministern ganz fehlen.

1) Sachsen § 9 Abs. 5 und 6.

2) Altenburg § 33 hinsichtlich der übrigen stimmberechtigten Mitglieder des Staatsministeriums.

3) So Weimar § 35; Gotha § 33; Rudolstadt § 32; in Sondershausen § 37 außerdem nur: außerhalb des Ministeriums; in Oldenburg Art. 51 § 2: verpflichtet zur Annahme eines den Verhältnissen entsprechenden Amtes außerhalb des Staatsministeriums; in Schaumburg-Lippe § 34 sind die Minister unter den angegebenen Voraussetzungen verbunden, mit Belassung ihres Titels und Ranges eine der dem bekleideten Posten zunächst stehenden oder doch ihrer bisherigen Dienststellung angemessenen, ihren Fähigkeiten und bisherigen Dienstfunktionen entsprechenden Staatsdienststellen anzunehmen.

4) Schaumburg-Lippe § 34; Gotha § 33; Rudolstadt § 32; Sondershausen § 37.

5) Sachsen § 9; Weimar § 35; Oldenburg Art. 51 § 2; Altenburg § 33; Gotha § 33; Rudolstadt § 32; Sondershausen § 37; Schaumburg-Lippe § 34.

6) Weimar § 35.

7) Lübeck § 27 Richterdisziplinar-Gesetz vom 21. IV. 1879; Hamburg § 88 A. G. zum G. V. G. vom 23. IV. 1879.

Ausführung einzelner dienstlicher Aufträge herangezogen werden [1]. Es versteht sich von selbst, daß auch hierbei Rücksicht auf seine Berufsbildung zu nehmen ist. Diese Pflicht zur Ausführung einzelner Aufträge entspricht der Verpflichtung des Aktivbeamten, sich, zumeist ohne Anspruch auf besondere Vergütung, der Ausführung von Nebenaufträgen [2] der vorgesetzten Dienstbehörde zu unterziehen. Bedingung ist zumeist, daß es sich um Aufträge handelt, die seiner Stellung entsprechen und seinem früheren Geschäftskreise nicht fremd sind [3]. Eine besondere Vergütung pflegt gewährt zu werden [4].

2. Die Treupflicht.

Zu Treue und Gehorsam gegenüber seinen Dienstvorgesetzten ist der Wartebeamte nach wie vor unverändert verpflichtet. Ohne besondere Befehle hat er jederzeit die Interessen des Staates wahrzunehmen. Besonders bei Ausübung seiner politischen Rechte, in der er wie jeder Staatsbürger frei ist [5], darf er nicht staatsfeindliche (etwas anderes regierungsfeindliche) Bestrebungen unterstützen [6], auch nicht an einem Verein, dessen Zweck oder Bestrebun-

1) Nicht z. B. im Reiche, vgl. auch Thudichum Ann. 1876 § 28 Anm. 2 S. 290.

2) Meyer-Anschütz S. 512.

3) So in Oldenburg Art. 50 § 1; Gotha § 29 Abs. 1; Anhalt § 32; Rudolstadt § 28; Sondershausen § 33; Waldeck § 43; Schaumburg-Lippe § 30 Abs. 1; Lippe § 29 Abs. 1; in Preußen (Allerhöchster Erlaß vom 14. VI. 1848) sind Wartebeamte verpflichtet, „nach ihrer Befähigung mit möglichster Berücksichtigung ihrer früheren Verhältnisse mäßige Hilfe im Staatsdienste zu leisten, wenn dies gefordert wird"; Weimar § 32 Abs. 3: Aufträge, die seiner Berufsbildung und früherem Amte entsprechen; Altenburg § 32, 25: seiner Stellung und Leistungsfähigkeit entsprechende Aufträge; Reuß j. L. § 28 Abs. 1: ihrer Stellung und Leistungsfähigkeit entsprechender und ihrem früheren Geschäftskreise nicht fremder Aufträge der Staatsregierung; in Sachsen § 19 Abs. 4 ist über die Art der Aufträge nichts bestimmt.

4) Über Vergütung vgl. unten § 11c.

5) So ausdrücklich Reuß j. L. § 14.

6) Brand § 10 Anm. 8; Pieper § 10 Anm. 3 S. 87; Beispiele bei Perels § 10 Anm. VIII S. 39.

gen den staatlichen oder dienstlichen Interessen zuwiderlaufen, teilnehmen [1]).

3. Die Pflicht zu achtungswürdigem Verhalten.

Auch der Wartebeamte [2]) hat die Pflicht, sich durch sein Verhalten der Achtung, die sein Beruf erfordert (der Staatsdienst ist ja sein Beruf geblieben), würdig zu erweisen [3]) und auch sich menschenfreundlich und verträglich zu benehmen [4]).

§ 8.

b) Die Amtspflichten.

Die Amtspflichten sind lediglich neue, durch die Führung eines Amtes bedingte und hervorgerufene Formen der allgemeinen Beamtenpflichten. Sie gelten für den Wartebeamten, der ja kein Amt verwaltet, grundsätzlich nicht. Eine Ausnahme bilden nur die Fälle, in denen die speziellen

---

1) Bayern Art. 16: „Die Teilnahme an einem Verein, dessen Zwecke oder Bestrebungen den staatlichen oder dienstlichen Interessen zuwiderlaufen, ist dem Beamten untersagt."

In Bayern selbst gilt zwar kraft ausdrücklicher Bestimmung (Art. 24 Abs. 1) dieser Teil der Treupflicht für den Wartebeamten nicht mehr, mangels einer solchen wird aber in anderen Staaten auch den Wartebeamten diese Verpflichtung treffen, da es sich nur um eine aus den allgemeinen Beamtenpflichten abzuleitende Beschränkung handelt. Etwas anderes ist es natürlich, wenn selbst dem aktiven Beamten die Teilnahme an Vereinen vollkommen freigestellt wird, wie sich dies z. B., abweichend von der reichsdeutschen Gesetzgebung, aus den Motiven zur neuen österreichischen Dienstpragmatik ergibt (D. J.-Z. 1912 S. 1120).

2) Vgl. z. B. Harseim § 8 S. 865; Laband S. 519, 465.

3) So im R. B. G. § 10; Bayern Art. 11; Württemberg Art. 4; Weimar § 10; Meiningen Art. 3; Anhalt § 14; Sondershausen § 8; Waldeck § 18; Reuß ä. L. Abschn. III Gesetz 1883; Reuß j. L. § 14; Schaumburg-Lippe § 13; Lippe § 14; Lübeck § 21; Bremen § 25; Hamburg § 3; in Preußen § 2, 3 Verwaltungs-Disziplinar-Gesetz; Sachsen § 15 Gesetz 1876: der Achtung, des Ansehens und des Vertrauens; Baden § 15 Abs. 1 § 8 Abs. 1; Altenburg § 16: der Achtung und des Vertrauens; in Oldenburg Art. 33: ein der Würde und dem Zwecke des Amtes, der Sittlichkeit und seinem Beamtenstand entsprechendes Verhalten; in Rudolstadt § 8 Gesetz von 1858: einen würdigen und ehrenhaften Lebenswandel zu führen.

4) Coburg-Gotha § 21 Abs. 1; Rudolstadt § 8 Gesetz von 1858.

Amtspflichten, wenngleich sie erst mit der Übertragung des Amtes zur Entstehung gekommen sind, doch nicht auch mit der Amtsführung enden, sondern fortdauern [1]).

Mit der Übertragung eines Amtes tritt an

1) die Stelle der Dienstpflicht die Pflicht zur Amtsführung, nämlich:

1. Die Pflicht zur tatsächlichen Arbeitsleistung,
2. die Pflicht, am Amtssitze zu wohnen,
3. die Pflicht zur Dienstleistung, d. h. die Pflicht, den rechtmäßigen Befehlen der Amtsvorgesetzten gehorsam zu sein [2]),
4. die Pflicht zur Beobachtung von Verfassung und Gesetzen bei der Amtsführung.

Die Pflicht zur Amtsführung ist beim Wartebeamten suspendiert [3]), ohne irgendwelche Nachwirkungen zu äußern. Die Beschränkungen, denen er bei der Wahl seines Wohnortes unterliegt, sind nicht etwa als eine erweiterte Form der Residenzpflicht aufzufassen, obgleich es manchmal so dargestellt wird [4]). Die Residenzpflicht besteht im Interesse der Verwaltung eines bestimmten Amtes, während die Wohnsitzbeschränkung des Wartebeamten lediglich dessen stete Bereitschaft gewährleisten soll.

2) Aus der allgemeinen Treupflicht gehen hervor:

1. die Pflicht zu Gewissenhaftigkeit, Sorgfalt und Fleiß bei der Amtsführung [5]),
2. die Pflicht zur Amtsverschwiegenheit [6]).

---

1) Der Fall der Ausführung einzelner Aufträge bleibt im Folgenden unberücksichtigt.

2) Bayern Art. 12 Abs. 1.

3) Laband I S. 519.

4) Vgl. z. B. Harseim § 9 S. 865; Laband I S. 519, der die Genehmigung zur Wohnsitzverlegung ins Ausland gleichsam als einen „Urlaub", d. h. zeitweise Entbindung von (den Dienstgeschäften und) der Residenzpflicht ansieht.

5) Z. B. Coburg-Gotha § 21; Waldeck § 17; Meiningen Art. 3: in dienstlichen Äußerungen hat er sich der strengsten Wahrheit zu befleißigen.

6) „Die Pflicht zur Amtsverschwiegenheit ist in der Pflicht des Beamten zur Treue enthalten." (Perels § 11 Anm. III S. 41; Laband I S. 459; Pieper § 11 Anm. 1 S. 89.)

Die letzte Pflicht bleibt auch nach Aufhören des Amtes bestehen [1]. „Über die vermöge seines Amtes ihm bekannt gewordenen Angelegenheiten, deren Geheimhaltung ihrer Natur nach erforderlich oder von seinen Vorgesetzten vorgeschrieben ist, hat der Beamte Verschwiegenheit zu beobachten, auch nachdem das Dienstverhältnis aufgelöst ist" [2]. Über Tatsachen, auf die sich seine Pflicht zur Amtsverschwiegenheit erstreckt, hat er gerichtliches Zeugnis und Gutachten zu verweigern, soweit er nicht im einzelnen Falle durch seine Dienstbehörde von der Verpflichtung entbunden wird [3].

c) Beschränkungen.

§ 9.

Außer den durch den Anstellungsvertrag begründeten Pflichten unterliegt der Beamte „zur Sicherung voller Pflichterfüllung und zur Verhütung von Kollissionen zwischen verschiedenen Pflichten" [4] noch einer Reihe von Beschränkungen. Einige Beschränkungen teilt der Wartebeamte mit dem aktiven, andere treffen nur ihn allein.

Da der Wartebeamte stets dienstbereit sein muß, hat er alles zu unterlassen, was seine ständige Verfügbarkeit beeinträchtigen könnte. Er hat deshalb:

1. ähnlich wie der beurlaubte Beamte dafür zu sorgen, daß er stets erreichbar ist, und seiner zuletzt vorgesetzt ge wesenen Dienstbehörde einen Wechsel seines Wohnsitzes anzuzeigen [5]. Vor allem hat er zur Verlegung seines stän-

1) Ebenso Harseim § 9 S. 865; Laband I S. 519.

2) R. B. G. § 11. Die Pflicht zur Amtsverschwiegenheit besteht kraft ausdrücklicher Bestimmung in: Preußen, Allerhöchster Erlaß vom 21. XI. 1835; Bayern Art. 14; Sachsen § 7; Württemberg Art. 5; Baden § 15 Abs. 1 § 9; Weimar § 11; Oldenburg Art. 33; Meiningen Art. 4; Altenburg § 17; Coburg-Gotha § 21 Abs. 1; Anhalt § 15; Rudolstadt § 8 Gesetz von 1858; Sondershausen § 9; Waldeck § 19; Reuß ä. L. § 7 Abs. 3; Reuß j. L. § 15; Schaumburg-Lippe § 13; Lippe § 16; Lübeck § 22; Bremen § 26.

3) Die näheren Bestimmungen in der C. P. O. § 376, 408; St. P. O. § 53, 76; R. B. G. § 12 Abs. 2.

4) Laband I S. 466. Vgl. auch Meyer-Anschütz S. 515.

5) Pieper § 28 Anm. 1 S. 194.

digen Wohnsitzes ins Ausland die Genehmigung einzuholen [1], da gerade in diesem Fall seine sofortige Erreichbarkeit fraglich erscheint. Innerhalb der Bundesstaaten kann er seinen Wohnsitz regelmäßig frei wählen und auch ein vorübergehender Aufenthalt im Ausland, ohne Begründung eines festen Wohnsitzes, ist ihm gestattet.

2. Der Wartebeamte darf das deutsche Indigenat nicht aufgeben [2], da er mit seinem Verlust der Verpflichtung zur Amtsführung entzogen werden würde [3]. Mit dem Verlust des Indigenats ist der der Beamteneigenschaft an sich nicht verbunden [4].

3. Der Wartebeamte darf nicht ohne Genehmigung in den Dienst des Reiches oder eines anderen Staates treten [5].

4. Er darf nicht Aufträge fremder Regierungen annehmen und ausführen [6].

5. Er darf sich überhaupt nicht in eine Lage versetzen, welche seine Wiederanstellung oder zeitweise Beschäftigung im Zivilstaatsdienste verhindert oder auch nur erschwert [7].

---

1) R. B. G. § 29 Nr. 3; Bayern Art. 44 Nr. 2; Württemberg Art. 27 Nr. 6; Baden § 51 Nr. 1; Weimar § 34b; Mecklenburg § 82; Meiningen Art. 22 Nr. 4a; Anhalt § 32 Abs. 1. In Sachsen § 19 Abs. 5: Erlaubnis zur Verlegung des Aufenthaltes (wohl = Wohnsitz) ins Ausland; Altenburg § 32 Abs. 3 und 4: Erlaubnis zur Verlegung des „wesentlichen Aufenthaltes" außerhalb des „Herzogtums"; Oldenburg Art. 52 Nr. 5: außerhalb des Großherzogtums; Bremen § 32a Gesetz vom 29. VI. 1910: außerhalb des Bremischen Staatsgebiets; Lübeck § 32 Nr. 3: außerhalb des Lübischen Freistaates.

2) R. B. G. § 29 Nr. 2; Bayern Art. 44 Nr. 1; Württemberg Art. 27 Nr. 5; Baden § 51 Nr. 2; Mecklenburg § 82; Anhalt § 33 Abs. 1; in Weimar § 33c: die Staatsangehörigkeit des Großherzogtums; in Meiningen Art. 22 Nr. 3: des Herzogtums; in Lübeck § 32 Nr. 2: die Lübische Staatsangehörigkeit, sofern er zu deren Erwerb verpflichtet war; entsprechend Bremen § 37 Nr. 2.

3) Pieper § 29 Anm. 5; Drucksachen des Bundesrats 1871 Nr. 176 S. 11; Gugel Art. 27 Anm. 7.

4) Brand § 29 Anm. 4 S. 270; Perels § 29 Anm. IV S. 88; Gugel Art. 27 Anm. 7.

5) Sachsen § 19 Abs. 5; Weimar § 33d; Meiningen Art. 22 Nr. 4b; Oldenburg Art. 52 Nr. 3; Sondershausen § 35 Nr. 5; Rudolstadt § 30 Nr. 3; Altenburg § 32 Abs. 3; Coburg-Gotha § 31c; Anhalt § 32; Reuß ä. L. § 27 Nr. 3 Gesetz von 1883; Waldeck § 45 Nr. 2.

6) Vgl. Zitate S. 41 Nr. 6.

7) Oldenburg Art. 50 § 1 Art. 52 Nr. 5; Coburg-Gotha § 31c;

Die folgenden Beschränkungen hat der Wartebeamte mit dem aktiven gemeinsam:

1. Zur Annahme von Geschenken und Belohnungen in Bezug auf sein früheres Amt bedarf er der Genehmigung der zuständigen, zuletzt vorgesetzt gewesenen Dienstbehörde [1].

2. Titel, Ehrenzeichen, Geschenke, Gehaltsbezüge oder Remunerationen, auch Aufträge [2] darf er von anderen Regenten oder Regierungen nur mit (vorgängiger) [3] Genehmigung seines Landesherrn oder der von ihm für zuständig erklärten Behörde annehmen [4].

3. In einer Reihe von Staaten bedarf der Wartebeamte wie der aktive der Genehmigung zur Übernahme eines entlohnten Nebenamtes, zum Betriebe eines Gewerbes oder zum Eintritt in den Vorstand oder Aufsichtsrat einer Erwerbsgesellschaft. In bestimmten Fällen muß diese Genehmigung

---

Rudolstadt § 30 Nr. 3; Sondershausen § 35 Nr. 6; Anhalt § 32; Waldeck § 45 Nr. 2; Reuß ä. L. § 27 Nr. 4 Gesetz von 1883; Reuß j. L. § 30c; Schaumburg-Lippe § 31 Nr. 2; Lippe § 31 Nr. 2.

1) R. B. G. § 15 Abs. 2; nach Laband I S. 520 findet § 15 Abs. 2 R. B. G. auf Wartebeamte keine Anwendung, weil er die aktuelle Verwaltung eines Amtes voraussetze; im Sinne des Textes mit Recht Pieper § 15 Anm. 7 S. 149; Kanngießer S. 101; Brand § 15, 16 Anm. 1a S. 47; vgl. ferner Bayern Art. 24 Abs. 1 Art. 20; Sachsen § 5 Ges. vom 3. VI. 1876; Württemberg Art. 9 Abs. 2; Baden § 13, 15 Abs. 1; Weimar § 16; Meiningen Art. 6; Altenburg § 21; Anhalt § 18; Sondershausen § 24; Reuß j. L. § 19; Lübeck § 26; Bremen § 31.

2) Coburg-Gotha § 17; Rudolstadt § 16 Abs. 2; Schaumburg-Lippe § 15 Abs. 1; Lippe § 17; Waldeck § 21.

3) Württemberg Art. 9 Abs. 1; Baden § 13; in Oldenburg Art. 30 hat der Beamte innerhalb von 4 Wochen um Genehmigung nachzusuchen.

4) § 15 Abs. 1 R. B. G.; Laband I S. 520; Brand § 15, 16 Anm. 2a S. 51; Bayern Art. 24 Abs. 1 Art. 20; Württemberg Art. 9 Abs. 1; Baden § 13, 15 Abs. 1; Weimar § 16; Oldenburg Art. 30; Meiningen Art. 6; Altenburg § 21; Anhalt § 18; Sondershausen § 24; Waldeck § 21; Reuß j. L. § 19; Schaumburg-Lippe § 15 Abs. 1; Lippe § 17.

versagt werden [1]. Vielfach ist auch Genehmigung vorgeschrieben zur Führung einer Vormundschaft [2].

4. Genehmigung ist in einigen Staaten erforderlich zur Abgabe eines außergerichtlichen Gutachtens als Sachverständiger [3].

5. Einer Genehmigung [4] der vorgesetzten Behörde oder blos der Anzeige [5] bedarf die beabsichtigte Eingehung einer

---

1) Preußen Runderlaß vom 27. VIII. 1903, Ministerialblatt für die innere Verwaltung S. 190, Allerh. Kabinettsordre vom 13. VII. 1839 (vgl. Heinemann S. 203 fg.); Sachsen § 2 Gesetz vom 3. VI. 1876. Sachsen steht außerdem ganz einzig da mit der folgenden, auch für Wartebeamte geltenden Bestimmung:

„Kein Staatsdiener darf ohne vorherige Genehmigung der Dienstbehörde geschehen lassen, daß von seiner Ehefrau oder von einer anderen zu seiner Haushaltung gehörigen Person ein Geschäft, zu dessen Betrieb gewerbspolizeiliche Anzeige oder eine besondere Erlaubnis erforderlich ist, betrieben werde." (§ 3 l. c.). Diese Bestimmung wurde erst durch die 2. Kammer aufgenommen (Mitteilungen der 2. Kammer 1875/76 Bd. 2 S. 963).

Mecklenburg-Schwerin Verordnung vom 15. XI. 1856 und 26. I. 1880; Oldenburg Art. 29 Gesetz vom 2. I. 1873, IV, Gesetze vom 12. III. 1879, 28. XII. 1881, 19. III. 1891; Coburg-Gotha § 17; Rudolstadt § 16 und § 6 Gesetz vom 10. V. 1858; Sondershausen § 23; Waldeck § 21; Reuß ä. L. § 10; Schaumburg-Lippe § 15 Abs. 2; Lippe § 17; Bremen § 28.

2) Z. B. Sondershausen § 23; Schwerin A. V. O. zum B. G. B. § 225, 250, wenn mit Vergütung verbunden; über den Stand der Landesgesetzgebung vgl. Staudinger 5./6. Aufl. 1911 § 1784 Anm. 2 (Bd. 4 S. 1198).

3) Diese Beschränkung besteht für aktive Beamte, z. B. in Meiningen Art. 5; Anhalt § 15; Bremen § 32 Abs. 1; Lübeck § 27, zugleich für Wartebeamte aber nur dann, wenn diese auch der Genehmigung zum Betrieb eines Gewerbes etc. bedürfen, d. i. von den genannten Staaten nur der Fall in Bremen § 28 (vgl. über diesen Grundsatz S. 49). Im Reiche (R. B. G. § 12 Abs. 1) bedarf der Wartebeamte nach der richtigen Ansicht keiner Genehmigung, vgl. Pieper S. 92; Kanngießer S. 101; Perels § 24 Anm. IV S. 82; a. M. Laband I S. 519; Brand S. 39 und 50; Arndt StaatsR. S. 644.

4) Z. B. Württemberg Art. 7 Abs. 1, nach ausdrücklichem Wortlaut der Motive gilt diese Bestimmung auch für quieszierte Beamte (vgl. Gugel Art. 7 Note 1 a. E.); Meiningen Art. 8; Coburg-Gotha § 20; Rudolstadt § 19; Sondershausen § 27; Schaumburg-Lippe § 16; vgl. auch die Zitate bei Staudinger 5./6. Aufl. § 1315 Anm. 4 (Bd. 4 S. 55).

5) Z. B. Preußen (vgl. das Nähere bei Heinemann S. 206); Bayern Art. 17; Weimar § 18.

Ehe. Sie kann regelmäßig nur wegen offenbarer Unzulänglichkeit der Mittel zur Begründung eines Hausstandes oder wenn die Ehe mit einer übel beleumundeten Person eingegangen werden soll, versagt werden.

6. Auf Grund des Art. 81 E. G. zum B. G. B. ist landesgesetzlich einmal die Übertragbarkeit der vermögensrechtlichen Ansprüche des Beamten noch weiter beschränkt worden, als dies durch § 400 B. G. B. § 850 C. P. O. bereits geschehen ist, zum andern, unter Beseitigung der Beschränkung des § 394 B. G. B. § 850 C. P. O., der Staat in vollem Umfang zur Aufrechnung gegen Wartegeld- etc. Ansprüche des Beamten befugt [1]).

2. Die disziplinarischen Folgen der Pflichtverletzung.

§ 10.

Wegen Verletzung der ihm obliegenden Pflichten und Beschränkungen hat der Wartebeamte entweder Disziplinarbestrafung im allgemeinen oder ganz bestimmte, durch das Gesetz für den einzelnen Fall vorgesehene Disziplinarfolgen zu gewärtigen.

a) Im allgemeinen.

Da der Wartebeamte im Beamtenverhältnis bleibt, untersteht er grundsätzlich voll der Beamtendisziplin [2]).

---

1) Vgl. die hauptsächlichsten Landesgesetze bei Staudinger 5./6. Aufl. 1911 Art. 81 Anm. 3 (Bd. 6 S. 254). Z. B. in Preußen (Allerhöchster Erlaß vom 23. V. 1826, Brand § 6 Anm. 4 S. 24) kann das Diensteinkommen überhaupt nicht abgetreten oder verpfändet werden; in Sachsen § 12 nur ein Drittel des monatlichen Wartegeldes, außerdem ist hier das Aufrechnungsrecht unbeschränkt; Weimar A. G. zum B. G. B. § 30 ergänzt durch B. G. § 21 Abs. 2

2) So ausdrücklich Preußen § 97 Verwaltungs-Disziplinar-Gesetz und § 26 Abänderungsgesetz vom 9. IV. 1879; Bayern Art. 166; Baden § 110; Mecklenburg § 15; Altenburg § 103; Reuß j. L. § 92. Das Gleiche wird von allen den Staaten gelten müssen, in denen besondere Bestimmung fehlt (vgl. den an die Spitze gestellten Grundsatz [S. 22 fg.] und auch Motive zum R. B. G. 1872 S. 76). Im Reiche R. B. G. § 119; Meiningen Art. 79 und Anhalt § 96 findet dagegen ausdrücklich nur das förmliche Disziplinarverfahren auf Wartebeamte Anwendung. Von selbst versteht sich diese Ausnahme keineswegs,

Begeht er daher durch Verletzung irgend einer der ihm obliegenden Pflichten ein Dienstvergehen, so hat er die Disziplinarbestrafung verwirkt[1]). Die Disziplinarstrafen sind in leichteren Fällen Ordnungsstrafen in Form von Warnungen, Verweisen, Geldstrafen und gegen Unterbeamte auch Arrest[2]); sie werden durch Verfügung des letzten[3]) Dienstvorgesetzten verhängt und können nur durch Verwaltungsbeschwerde angefochten werden. In schwereren Fällen kann im Wege des förmlichen Verfahrens von den zuständigen Disziplinarbehörden erster und zweiter Instanz die Entfernung vom Amte ausgesprochen werden, entweder durch Strafversetzung mit oder ohne Gehaltsminderung oder durch Dienstentlassung mit Verlust aller Ansprüche (insbesondere von Titel, Rang und Wartegeld) an den Staat[4]).

---

auch nicht, wie Laband I S. 520 meint, etwa deshalb, weil die Ordnungsstrafen von der vorgesetzten Dienstbehörde verhängt werden und der Wartebeamte keine solche mehr hat, denn ebenso gut wie für die Zuständigkeit im. förmlichen Disziplinarverfahren der letzte dienstliche Wohnsitz maßgebend ist (§ 119 Abs. 2 R. B. G.), ebenso könnten auch im Ordnungsstrafverfahren Strafen von der zuletzt vorgesetzt gewesenen Dienstbehörde verhängt werden. Über Zweifel, die über die Anwendbarkeit des Ordnungsstrafverfahrens auf Wartebeamte nach R. R. bestehen können, vgl. Perels § 119 Anm. I S. 225 § 24, Anm. II S. 81 und Pieper § 119 Anm. II S. 435.

1) § 72 R. B. G. Der in § 72 angezogene § 10 umfaßt sämtliche Pflichten des Reichsbeamten mit Einschluß aller an anderer Stelle besonders statuierter (Brand § 72 Anm. 1 S. 134, Perels § 72 Anm. 1 S. 154, Kanngießer S. 155); ferner Preußen § 2, 3 Disziplinargesetz; Sachsen § 15 Gesetz vom 3. VI. 1876; Württemberg Art. 69; Baden § 78; Mecklenburg § 9; Weimar § 55; Anhalt § 61; Rudolstadt § 9 Gesetz von 1858; Sondershausen § 5 Gesetz vom 23. I. 1880; Waldeck § 62; Reuß ä. L. Abt. III Gesetz von 1883; Schaumburg-Lippe § 50; Reuß j. L. § 48; Lippe § 44; Lübeck § 35; Bremen § 73.

2) Vgl. die Zitate bei Meyer- Anschütz S. 519 Anm. 7 und 8.

3) So ausdrücklich Mecklenburg-Schwerin § 19; Oldenburg Art. 50 § 1.

4) Auch hier bestehen unter den einzelnen Staaten Verschiedenheiten, vgl. Meyer-Anschütz S. 520. Eine Strafversetzung kann ihrer Natur nach bei einem Wartebeamten nicht erfolgen. In Bayern Art. 166/108 und Baden § 110 ist bestimmt, daß an Stelle von Strafversetzung bei Wartebeamten eine Minderung des Wartegeldes um höchstens ein Fünftel bzw. die Hälfte ausgesprochen werden kann.

Ist der Aufenthalt eines Beamten, gegen den ein Disziplinarverfahren anhängig ist, der vorgesetzten Behörde unbekannt, so erfolgen alle Zustellungen, Mitteilungen, Ladungen usw. an ihn rechtsgültig in seiner letzten Wohnung an seinem dienstlichen Wohnort [1]. Ob diese Bestimmung auch auf Wartebeamte unbekannten Aufenthalts Anwendung findet, ist zweifelhaft. Da der Wartebeamte keinen dienstlichen Wohnsitz mehr hat und in der Wahl seines Wohnsitzes im Inlande regelmäßig unbeschränkt ist, so wird für die Zustellungen an ihn sein letzter der Behörde bekannt gewordener innländischer Wohnsitz maßgebend sein [2].

b) In bestimmten Fällen.

Die folgenden Handlungen des Wartebeamten, „welche ihm entweder seinen Wiedereintritt in den Dienst unmöglich machen oder seine Absicht anzeigen, nicht wieder einzutreten" [3], haben den Verlust des Wartegeldes im Gefolge, der dann regelmäßig ohne besonderes Verfahren verfügt werden kann [4]. Außerdem ist stets, wenn der Tatbestand eines Dienstvergehens vorliegt, Disziplinarbestrafung nach den allgemeinen Vorschriften möglich. Mit dem Verlust des Wartegeldes allein ist der der Beamteneigenschaft nicht verbunden, alle Rechte außer dem Wartegeldanspruch bleiben mangels besonderer Gesetzesbestimmung bestehen [5]. Die ohne Wartegeldgenuß verbrachte Dienst-

---

Z. B. Sachsen § 16 Gesetz von 1876. Meiningen Art. 48 ist Strafversetzung überhaupt unbekannt.

1) Z. B. R. B. G. § 133 Abs. 2; Bayern Art. 132 Abs. 5; Baden § 115 Abs. 2; Reuß j. L. § 101 Abs. 2; Bremen § 125 Abs. 2; Lübeck § 79 Abs. 2.

2) Brand § 133 Anm. 5 S. 206, Perels § 133 Anm. I S. 248. Dieser Ansicht entspricht auch das neueste B. G. (abgesehen von Mecklenburg-Strelitz), nach dem Zustellungen an Beamte unbekannten Aufenthalts durch Aufgabe zur Post mit der letzten bekannten Adresse erfolgen (Weimar § 93 Abs. 3). A. M. Pieper § 133 Anm. 5 S. 477 und Kanngießer S. 229, welche das Schwergewicht nicht auf „letzte Wohnung", sondern die Worte „dienstlichen Wohnort" legen.

3) Meyer-Anschütz § 154 S. 546.

4) Vgl. darüber unten § 14 unter d.

5) Arndt R. B. G. § 28 Anm. 4 S. 47. In Weimar § 33 Abs. 2 hat der Verlust des Wartegeldes den des Anspruchs auf Ruhegehalt

zeit wird aber im Falle einer Pensionierung nicht mitgezählt[1]). Der Verlust tritt ein:

1. wenn der Wartebeamte, ohne daß ihm besondere Entschuldigungsgründe zur Seite stehen, sich weigert, das ihm unter den gehörigen Voraussetzungen angetragene Amt zu übernehmen[2]), und zwar in einigen Staaten erst nach vergeblichem Ablauf einer für die Befolgung vorzuschreibenden Frist[3]).

---

und Hinterbliebenenversorgung von selbst zur Folge; in Rudolstadt § 31 Abs. 2; Coburg-Gotha § 82; Waldeck § 46; Sondershausen § 35; Reuß j. L. § 31: den des Pensionsanspruchs; in Oldenburg Art. 53: des Titels und Pensionsanspruchs; entweder in allen oder nur bestimmten Fällen.

1) Brand § 28 Anm. 2a S. 71; § 29 Anm. 3; Perels § 28 Anm. II S. 87; Pieper § 28 Anm. 4 S. 196.

2) R. B. G. § 28; Sachsen § 19 Abs. 3; Württemberg Art. 27 Ziff. 2; Baden § 50 Ziff. 3; Mecklenburg § 82 Nr. 1/77; Weimar § 33b; Meiningen Art. 22 Nr. 1; Altenburg § 32 Abs. 2; Sondershausen § 35 Nr. 2; Reuß ä. L. § 27 Nr. 2 Ges. 1883; Lippe § 31 Nr. 1; Lübeck § 31; Bremen § 36. In Bayern bedarf die Wiederanstellung zu ihrer Wirksamkeit einer Annahme von Seiten des Beamten nicht. In dem Zeitpunkt, in dem sie wirksam wird, erlischt der Anspruch auf Wartegeld. Weigert sich der Beamte, das neue Amt anzutreten, so wird ihm das für das neue Amt gebührende Gehalt (wegen unerlaubter Entfernung) für die Dauer der Weigerung eingezogen. (Begründ. z. B. G. S. 71.) Hinsichtlich der Minister vgl. die Zitate S. 28/29.

3) Oldenburg Art. 52 Nr. 2; Gotha § 32b; Rudolstadt § 30 Nr. 2; Waldeck § 45 Nr. 1; Reuß j. L. § 30b; Schaumburg-Lippe § 31 Nr. 1. Mit Recht hebt die Begründung zum Weimarischen B. G. (S. 715 des Schriftenwechsels) hervor, daß dieser umständliche Weg nicht recht in Einklang steht „mit der auch dem Beamten des Wartestandes obliegenden allgemeinen Gehorsamspflicht und dem gesetzlich vorgeschriebenen Fortbestand des Dienstverhältnisses".

Vereitelt der Beamte durch Nichtanzeige eines Wechsels seines Wohnortes seine Wiedereinberufung, weil ihm die betreffende Aufforderung wegen Unbekanntheit seines Aufenthaltes nicht übermittelt werden kann, so setzt er sich der Dienstentlassung aus. (Pieper § 28 Anm. 1 S. 195.) Wenn durch strafgerichtliches Erkenntnis die dauernde oder zeitweilige Unfähigkeit des Beamten zur Bekleidung öffentlicher Ämter ausgesprochen wird, wird ebenfalls das Wartegeld fortfallen müssen, da damit auch die Möglichkeit zur Übernahme eines Amtes aufhört (Perels § 24 Anm. II S. 82).

2. wenn er sich weigert, einzelne Aufträge der Regierung auszuführen [1]),

3. wenn der Wartebeamte das deutsche Indigenat oder die Staatsangehörigkeit verliert [2]),

4. wenn er in einem Falle, in dem er hierzu der Erlaubnis bedürfte, ohne diese seinen Wohnsitz verlegt [3]),

5. wenn er in den Dienst des Deutschen Reiches oder eines anderen Staates tritt [4]),

6. wenn er ohne Erlaubnis wiederholt Aufträge fremder Regierungen annimmt und ausführt, sofern nicht eine Disziplinarstrafe für genügend erachtet wird [5]), nach vorausgegangener einmaliger Verwarnung [6]),

7. wenn er sich ohne Genehmigung in eine Lage versetzt, welche seine Wiederanstellung oder zeitweise Beschäftigung im Staatsdienste verhindert oder auch nur erschwert [7]).

Schließlich noch in einigen vereinzelten Fällen, nämlich:

8. wenn er ohne Erlaubnis einen Erwerbszweig ergreift und nicht innerhalb einer vorzuschreibenden Frist niederlegt [8]),

---

1) Sachsen § 19 Abs. 4; Sondershausen § 35 Nr. 2; Lippe § 31 Nr. 1. In Oldenburg Art. 52 Nr. 2; Gotha § 31b; Rudolstadt § 30 Nr. 2; Waldeck § 45 Nr. 1; Reuß j. L. § 30b; Schaumburg-Lippe § 31 Nr. 1 erst nach fruchtlosem Fristablauf.

2) Vgl. die Zitate S. 34 Nr. 2; in Bayern Art. 44 Nr. 1 und Baden § 51 Nr. 2 ruht nur das Wartegeld in diesem Falle.

3) Vgl. die Zitate S. 33 Nr. 1; in Bayern Art. 44 Nr. 2; Baden § 51 Nr. 1; Weimar § 34b ruht das Wartegeld nur.

4) Vgl. die Zitate S. 34 Nr. 3. Zwischen den einzelnen Staaten bestehen Verschiedenheiten im Wortlaut. In Reuß ä. L. § 27 Nr. 3 Ges. 1883 tritt Verlust ein, wenn der Wartebeamte in den Dienst eines anderen Staates eintritt oder ein besoldetes Gemeindeamt oder eine mit fester Besoldung verknüpfte Stellung im Privatdienste oder die eines Rechtsanwaltes oder Notars übernimmt, es sei denn, daß ihm auch für diesen Fall ausdrücklich der Fortbezug zugesichert worden ist.

5) Oldenburg Art. 52 Nr. 4.

6) Gotha § 31d; Rudolstadt § 30 Nr. 4; Waldeck § 45 Nr. 3; Reuß j. L. § 30d.

7) Vgl. die Zitate S. 34 Nr. 5.

8) Oldenburg Art. 52 Nr. 6.

9. wenn er durch eigene grobe Verschuldung dienstunfähig wird oder sich so unwürdig oder pflichtvergessen zeigt, daß, wenn er im aktiven Dienste stände, seine Entfernung aus dem Dienste verfügt sein würde [1]),

10. wenn ein in Wartestand versetzter Staatsanwalt in die Rechtsanwaltschaft eintritt [2]).

Geht der Beamte ohne die nötige Anzeige eine Ehe ein, so verliert die Witwe ihren Pensionsanspruch [3]).

Die Suspension als vorläufige Enthebung vom Amte kann ihrer Natur nach gegenüber einem Wartebeamten keine Anwendung finden, da er keine amtlichen Funktionen mehr ausübt [4]). Mit der Suspension, deren wesentlichste Seite in der Dienstenthebung besteht, ist verbunden die vorläufige Einbehaltung eines bestimmten Gehaltsteiles zur Sicherheit des Staates für die Gerichts- und Stellvertretungskosten. Auch diese vermögensrechtlichen Nachteile treten grundsätzlich gegenüber Wartebeamten nicht ein. Liegen aber die oder eine der Voraussetzungen vor, die gegenüber einem aktiven Beamten die Suspension rechtfertigen würden, so wird kraft ausdrücklicher Bestimmung in einigen Staaten auch das Wartegeld zu einem Teile einbehalten:

Ist der Wartebeamte durch eine noch nicht rechtskräftige Disziplinarentscheidung des Dienstes entlassen worden, so wird ihm ein Viertel des Wartegeldes innebehalten und, falls er freigesprochen wird, ganz, sonst nur unter Umständen wenigstens teilweise nachgezahlt [5]).

3. Die Rechte.

§ 11.

Es ist zu unterscheiden zwischen den persönlichen, insbesondere Ehren- und den Vermögensrechten. Die Zahl der

---

1) Oldenburg Art. 52 Nr. 7.

2) Lübeck § 27 Richterdisziplinar-Gesetz vom 21. IV. 1879; Hamburg A. G. zum G. V. G. vom 23. IV. 1879.

3) Z. B. Reuß ä. L. § 35; Weimar Ges. vom 22. II. 1911 § 7.

4) Rheinbaben S. 376a.

5) Z. B. R. B. G. § 132; Reuß j. L. § 100.

auf die ersteren bezüglichen Bestimmungen ist gering, während die vermögensrechtlichen Ansprüche in allen Staaten eine außerordentlich eingehende Regelung erfahren haben.

a) Die Ehrenrechte.

Der Wartebeamte behält alle Ehrenrechte, soweit sie nicht mit der Führung eines Amtes verbunden sind.

Er führt seinen letzten Amtstitel mit einem seine Versetzung in Wartestand andeutenden Zusatz [1]), welcher zumeist „außer Dienst" [2]) oder „z. D." [3]) lautet. Die Befugnis zur Führung des Amtstitels kann nur im Wege des Disziplinarverfahrens entzogen werden [4]).

Der Wartebeamte hat Anspruch auf seinen Rang [5]) als „das äußere Anzeichen der hierarchischen Abstufung der Ämter und damit eben auch der die Ämter führenden Personen" [6]).

Er behält alle ihm etwa verliehenen persönlichen Titel [7]).

Das Weitertragen der Dienstabzeichen (Uniform) kann dem Beamten gestattet werden, die Erlaubnis ist aber jederzeit zurücknehmbar [8]). Ein Recht des Beamten darauf besteht nicht, es ist vielmehr stets ein besonderes Zeichen der Anerkennung. Die Berechtigung zur Amtstracht steht und fällt mit dem Amte, während Titel und Rang auch dem Wartebeamten verbleiben [9]).

---

1) Preußen Rundverfügung vom 2. II. 1843 bei Herrfurth S. 253: „Den von ihren Ämtern auf ehrenhafte Weise entlassenen Beamten ist nicht untersagt, die ihnen zustehenden Amtsprädikate auch nach ihrer Entlassung beizubehalten." Bayern Art. 70 Abs. 1; Brand Vorb. 3b S. 65.

2) Bayern Art. 70 Abs. 1; Baden V. V. O. zum B. G. vom 10. VII. 1909 § 16 Ziff. 2.

3) Brand § 17 Anm. 1 S. 53.

4) Bayern Art. 70 Abs. 2, vgl. auch R. B. G. § 75 Abs. 2; Laband I S. 511; Gugel Art. 22 Nr. 3 f.

5) Sachsen § 19 Abs. 1; Schaumburg-Lippe § 29 Abs. 1.

6) Rehm Ann. 1885 S. 87.

7) Zitate wie Anm. 2.

8) Bayern Art. 70 Abs. 2.

9) Pieper § 17; Brand § 17 Anm. 1. Die abweichende Meinung von Perels § 17 Anm. IV trifft höchstens für eine sogenannte Hofuniform zu.

b) Der Anspruch auf Schutz.

Auch der Wartebeamte genießt bei Ausführung einzelner amtlicher Befehle den Schutz der §§ 113, 114 St. G. B.

c) Die vermögensrechtlichen Ansprüche.

Durch die Versetzung des Beamten in den Wartestand tritt grundsätzlich eine Änderung seiner vermögensrechtlichen Ansprüche nicht ein.

Auch der Wartebeamte hat Anspruch auf standesgemäßen Unterhalt, da dieser nicht durch die wirkliche Leistung amtlicher Dienste bedingt ist [1]) und zumeist nur Berufsbeamte — denen die Möglichkeit anderweiten Erwerbs fehlt — in den Wartestand versetzt werden [2]). An die Stelle der Besoldung tritt das Wartegeld, das sich indes regelmäßig gegenüber dieser ermäßigt. Der Grund hierfür ist, daß der Wartebeamte zumeist von der Beschränkung, Nebenämter zu übernehmen oder Gewerbe zu treiben, befreit ist [3]). Auch stellt man die Rechnung auf, daß das Wartegeld ohne Dienstleistung gleich sei dem höheren Diensteinkommen mit Dienstleistung [4]), freilich nicht in dem Sinne, als ob mit geringerer oder ganz wegfallender Dienstleistung auch die „Lohnzahlung" eingeschränkt werden müßte, sondern nur deshalb, weil mit Aufhören der Dienstleistung auch der tatsächliche Lebensaufwand des Beamten aus gesellschaftlichen und wirtschaftlichen Gründen geringer zu werden pflegt.

Die allgemeinen Besoldungsgrundsätze gelten auch für das Wartegeld. Der große Umfang der Wartegeldbestimmungen erfordert die Darstellung in einem besonderen Abschnitt.

Hat der Beamte bei seiner Versetzung in den Wartestand seinen dienstlichen Wohnsitz außer Landes, so wer-

---

1) Laband I S. 501/505 Begr. zum Weimarischen B. G. 711.

2) Darüber, welche Geldbezüge nicht als Beiträge zum Lebensunterhalt anzusehen sind und deshalb bei Berechnung des Wartegeldes unberücksichtigt bleiben, vgl. den folgenden Abschnitt.

3) Laband I S. 505 Anm. 3.

4) Motive zum sächsischen B. G. bei Otto Mayer S. 250 Anm. 71.

den ihm die Umzugskosten nach einem im Staatsgebiete gelegenen, von ihm gewählten Wohnort ersetzt [1]).

Dienstgrundstücke, namentlich eine Dienstwohnung, hat der Wartebeamte beim Ausscheiden aus seiner Amtsstelle nicht sofort, sondern erst nach Ablauf einer angemessenen, von der zuständigen Behörde zu bestimmenden Frist zu räumen [2]), ausgenommen nur Arbeits- und Sitzungszimmer [3]).

Entstehen dem Wartebeamten bei der Ausführung einzelner dienstlicher Aufträge Unkosten, so hat er selbstverständlich Anspruch auf deren Ersatz, sei es in der Form der Erstattung der einzelnen Aufwendung, sei es in der Form von Pauschvergütungen [4]); zumeist [5]) hat er neben dem Wartegeld auch noch Anspruch auf eine angemessene Remuneration (Dienstvergütung) [6]).

Die Annahme eines neuen Amtes ist der Wartebeamte berechtigt, zu verweigern, wenn die gesetzlichen Voraussetzungen nicht gegeben sind; liegen sie vor, so hat er Anspruch auf das gleiche Gehalt wie in seiner letzten Stelle

---

1) R. B. G. § 40; Bayern Art. 39 Abs. 3; Württemberg Art. 22 Abs. 2 aus Billigkeitsgründen, ebenso in Baden V. V. O. zum Reisekostengesetz vom 5. X. 1908; B. G. § 22 Nr. 2.

2) Z. B. Bayern Art. 37 Abs. 5; Baden § 27 Abs. 2; in Altenburg § 11: binnen 3 oder einem Monat; in Gotha § 14; Rudolstadt § 13 und Ges. 1858 § 5; Reuß j. L. § 13: nach 3 Monaten. In den in Anm. 3 genannten: für die Dauer des Gehaltsbezugs; in Sondershausen § 15: mit Aufhören der Amtstätigkeit. In den meisten Staaten bestehen ähnliche Bestimmungen für den Fall einer Pensionierung.

3) Württemberg Art. 14 Abs. 1; Anhalt § 19, diese sofort.

4) Einer ausdrücklichen Bestimmung hierüber, wie sie in einigen B. G. enthalten ist, hätte es kaum bedurft. Vgl. die Zitate in Anm. 5 und 6.

5) Nicht z. B. in Oldenburg Art. 50 § 3; Altenburg § 32 Abs. 3 § 25.

6) Preußen (Erlaß des Ministers des Innern vom 14. II. 1826, v. Kamptz Ann. Bd. 10 S. 10), aber nur, wenn er voll beschäftigt wird. Sachsen § 19 Abs. 4; Weimar § 32 Abs. 3; Coburg-Gotha § 29 Abs. 2/3; Schwarzburg-Rudolstadt § 28 Abs. 3; Sondershausen § 33; Reuß j. L. § 28 Abs. 3. In Waldeck § 43; Schaumburg-Lippe § 30 Abs. 2; in Lippe § 29 Abs. 2 darf die Entschädigung unter Hinzurechnung des Wartegeldes nicht den früheren Gehalt übersteigen.

und Ersatz der Kosten eines Umzugs von seinem Wohnort nach dem neuen Amtssitz [1]).

Der Beamte hat kein Recht darauf, wieder zur Dienstleistung berufen zu werden, weil er kein Recht auf die Amtsführung hat; immerhin liegt es ja schon im fiskalischen Interesse, ihn bei erster Gelegenheit zu reaktivieren [2]). Ganz einzigartig ist die Bestimmung in Coburg-Gotha [3]), daß ein wegen einer Organisationsveränderung oder Krankheit in den Wartestand versetzter Beamter ein Recht auf Reaktivierung hat, wenn Gelegenheit vorhanden ist, ihm eine angemessene Stelle wieder zu verleihen.

Wird dem Wartebeamten eine etatmäßige Stelle des aktiven Dienstes wieder verliehen, so wird bei Festsetzung des Besoldungsdienstalters von der Wartezeit nur die Zeit einer etwaigen Beschäftigung im aktiven Staatsdienste als aktive Dienstzeit in der früheren Dienststellung angerechnet [4]). In Bayern soll im Falle der Wiederanstellung des Wartebeamten für die Bemessung des Gehaltes ganz oder teilweise die Zeit des Wartestandes angerechnet werden, d. h. der Beamte soll gegebenenfalls in eine höhere Dienstaltersstufe der Gehaltsordnung einrücken [5]). Einen Rechtsanspruch auf Gehaltsvorrückung

---

1) R. B. G. § 28/23 und V. O. vom 8. IX. 1910 und § 17—21, 24; Preußen § 8 Umzugskostengesetz vom 24. II. 1877; Sachsen § 19 Abs. 3 und Umzugskostengesetz vom 28. IV. 1906; Bayern Art. 42/9 Abs. 1; Württemberg Art. 26 Abs. 3: Falls der Wartebeamte außer Landes wohnt (innerhalb des Deutschen Reicehes oder mit Genehmigung im Ausland) erhält er die regulativmäßigen Reisekosten für die längste Entfernung innerhalb des Königreiches; Baden § 49, § 5 Abs. 2; Weimar § 27/32; Mecklenburg § 81/77; Meiningen Art. 2 Abs. 1 Art. 1, 7 Ges. vom 8. VII. 1879; Altenburg § 32 Abs. 2 § 27; Anhalt § 32/22; Schwarzburg-Sondershausen § 33/29 und § 2 Abs. 1, höchste V. O. vom 23. III. 1904; Waldeck § 9 Gesetz vom 19. XII. 1902; Reuß ä. L. § 1 Gesetz vom 11. V. 1870.

2) Brand § 28 Anm. 3 S. 71; in Preußen (Verw.-Disz.-Ges. § 87) sollen Wartegeld-Empfänger bei Wiederbesetzung erledigter Stellen, für welche sie sich eignen, vorzugsweise berücksichtigt werden.

3) Coburg-Gotha § 29 Abs. 1.

4) Preußen § 51 der vom 1. VII. 1905 ab gültigen Vorschriften über die Bemessung der Gehälter nach Dienstaltersstufen.

5) Bayern Art. 29 Abs. 1.

hat er aber ebenso wenig wie der Aktivbeamte [1]. In der Regel wird die Wartezeit auf das Besoldungsdienstalter nicht angerechnet werden [2].

Der Wartebeamte kann seine Versetzung in den dauernden Ruhestand verlangen und erhalten, wenn die allgemeinen Voraussetzungen hierfür gegeben sind [3]. Er wird dann bei seiner Pensionierung so behandelt, als ob er im Dienste geblieben wäre [4], d. h. die Wartezeit wird ihm als pensionsfähige Dienstzeit angerechnet [5] und die Pension nicht vom Wartegeld, sondern von dem letzten vor der Versetzung in den Wartestand bezogenen gesamten Aktivitätsgehalte berechnet [6], etwaige Gehalts-

---

1) Vgl. R. G. Zivils. Bd. 48 S. 321.

2) So z. B. ausdrücklich Schwarzburg-Rudolstadt Gesetz vom 13. III. 1908.

3) Eine Sonderheit besteht in Schaumburg-Lippe § 29 Abs. 2 insofern, als der Wartebeamte seine Pensionierung fordern kann, wenn nicht binnen zweier Jahre seine Wiederanstellung erfolgt ist.

4) Anhalt § 34.

5) R. B. G. § 46 Ziff. 1; Preußen Zivilpens.-Ges. vom 27. III. 1872 § 14; Bayern Art. 54 Ziff. 1; Sachsen § 19 Abs. 6 und 7; Württemberg Art. 42 Ziff. 1; Baden § 39 Ziff. 1; Weimar § 38c; Mecklenburg § 11 Nr. 2; Oldenburg Art. 58 § 1; Meiningen Art. 33 Abs. 3; Altenburg § 32 Abs. 5; Coburg-Gotha § 30; Anhalt § 34; Schwarzburg-Rudolstadt § 29; Schwarzburg-Sondershausen § 34; Waldeck § 9 Ziff. 1 Zivilpens.-Ges. vom 3. II. 1908; Reuß ä. L. § 23 Ges. vom 3. III. 1883; Reuß j. L. § 29; Schaumburg-Lippe § 41 Abs. 3; Lippe § 35 Abs. 2 in der Fassung des Gesetzes vom 20. II. 1878 und § 36 Nr. 3 S. 2; Lübeck; Bremen § 53 Abs. 2; Hamburg § 37.

6) R. B. G. § 42; Preußen Zivilpens.-Ges. § 10; Bayern Art. 52 Abs. 3; Sachsen § 19 Abs. 6 und 7, doch darf die Pension das bezogene Wartegeld nicht übersteigen; Württemberg Art. 45 Abs. 2; Baden § 35 Abs. 1; Weimar § 37 Abs. 2; Mecklenburg § 9 Abs. 4; Oldenburg Art. 57, doch darf die Pension nicht mehr als das Wartegeld betragen, es sei denn, daß sie schon im Augenblicke der Dispositionsstellung höher gewesen sein würde; Altenburg § 32 Abs. 5; Coburg-Gotha § 30, doch beträgt die Pension eines aus Verwaltungsrücksichten oder wegen Krankheit zur Disposition gestellten Beamten nicht mehr als das Wartegeld (Ges. vom 28. V. 1894); Anhalt § 34; Rudolstadt § 29; Sondershausen § 34; Waldeck § 5 a. E. (Ges. vom 3. II. 1908), Reuß ä. L. § 28; Reuß j. L. § 29; Schaumburg-Lippe § 39; Lippe § 35 Abs. 2 (Ges. v. 1878); Bremen § 48 Abs. 2; Oldenburg Art. 51 § 2 u. 3: Im Falle späterer Pensionierung eines Ministers soll dessen Ruhegehalt nicht weniger als 1800 Taler betragen.

erhöhungen, die seitdem diese Stelle erfahren hat, kommen aber für ihn nicht in Betracht [1]).

Über die vermögensrechtlichen Ansprüche des Wartebeamten findet der Rechtsweg statt [2]), doch sind die Gerichte bei der Beurteilung vermögensrechtlicher Fragen an alle Vorentscheidungen und Verfügungen der Behörden über andere Punkte gebunden [3]), so z. B. darüber, ob die gesetzlichen Voraussetzungen für eine Dispositionsstellung vorliegen.

d) Befreiung von Beschränkungen.

Die Beschränkungen, denen der Aktivbeamte lediglich mit Rücksicht auf die Führung des Amtes unterworfen ist, fallen für den Wartebeamten weg.

Die Residenzpflicht besteht deshalb für ihn nicht; er kann seinen Wohnsitz innerhalb des Staatsgebietes oder des Reiches frei wählen [4]).

Der Wartebeamte bedarf in der Mehrzahl der Staaten nicht mehr der Genehmigung zur Übernahme eines mit fortlaufender Remuneration verbundenen Nebenamtes, zum Betrieb eines Gewerbes und Eintritt in den Vorstand oder Aufsichtsrat einer Erwerbsgesellschaft [5]), da eine Beeinträchtigung der dienstlichen Tätigkeit, des dienstlichen Ansehens und der Unparteilichkeit und Unabhängig-

---

1) Brand § 42 Anm. 4 S. 94.

2) Die betr. landesrechtlichen Normen bleiben nach Art. 80 Abs. 1 E. G. zum B. G. B. bei Bestand; vgl. z. B. Preußen § 1 Gesetz vom 24. V. 1861; Bayern Art. 176: Vom Rechtsweg ausgeschlossen sind Umzugskosten und Dienstreiseentschädigungen; Baden § 75; Altenburg § 127; Weimar § 107; Anhalt § 121. (Vgl. die Zitate bei Meyer-Anschütz S. 533 Anm. 21. Staudinger 5/6. Aufl. 1911 Bd. 6 S. 250 Anm. 5 zum Art. 80.)

3) Vgl. z. B. § 155 R. B. G.; Bayern Art. 178; Weimar § 109; Laband I S. 515 Anm. 2.

4) Preußen Allerh. Erlaß vom 14. Juni 1848: Die Wartebeamten „sind in der Wahl ihres Wohnortes im Inlande nicht beschränkt.“ In den meisten Staaten erhellt derselbe Grundsatz aus der Bestimmung, daß der Wartebeamte zur Wohnsitzverlegung ins Ausland der Genehmigung bedarf (vgl. oben S. 33 Nr. 1).

5) R. B. G. § 16 Abs. 3; Bayern Art. 24 Abs. 1; Württemberg Art. 8 Abs. 5; Baden § 15 Abs. 1 § 12; Weimar § 17; Meiningen Art. 7 Abs. 4; Altenburg § 22; Anhalt § 19; Reuß j. L. § 20 Abs. 4; Lübeck § 23.

keit des Beamten gegenüber dritten Personen, von denen er Vergütungen bezieht oder mit denen er geschäftliche Beziehungen unterhält, nicht mehr zu befürchten ist [1]; auch erscheint es billig, dem Beamten Gelegenheit zu anderweitem Erwerbe zu geben, nachdem ihm sein Einkommen ohne sein Verschulden gekürzt worden ist. In den Staaten, in denen der Wartebeamte auch in diesem Falle um Genehmigung nachsuchen muß [2], sind andere Erwägungen ausschlaggebend, wie: Sicherung des Standesansehens und der steten Dienstbereitschaft (der Beamte muß ja bei Wiedereintritt in allen Fällen die Nebenbeschäftigung wieder aufgeben).

Eine Möglichkeit des nichtamtlichen Erwerbes bildet die Abgabe außergerichtlicher Gutachten als Sachverständiger; sofern dem Wartebeamten ausdrücklich der Betrieb eines Gewerbes usw. freigestellt ist, ist er daher auch zur Erlaubniseinholung bei Erteilung außergerichtlicher Gutachten nicht verpflichtet [3], denn die Befreiung von der weitergehenden Verpflichtung schließt die von der weniger weitgehenden in sich [4]. Außerdem ist der Zweck beider Bestimmungen im wesentlichen der gleiche [5].

Vormundschaften kann der Wartebeamte in Weimar ohne besondere Erlaubnis führen [6].

1) Begründung zum Weimarischen B. G. S. 710 § 17 Abs. 1 und 4. Pieper § 16 Anm. 1 und 17 S. 150 und 158.

2) Vgl. oben S. 35 Nr. 3.

3) Vgl. die oben zitierten Staaten. Dies gilt namentlich auch für Reichsrecht, was jedoch bestritten ist, vgl. oben S. 36 Anm. 3; kraft ausdrücklicher Bestimmung ist keine Genehmigung erforderlich in Bayern Art. 24 Abs. 1 Art. 15; Baden § 15 Abs. 1, § 10.

4) Pieper § 12 Anm. 2 S. 92.

5) In den Motiven zum R. B. G. (Stenogr. Ber. S. 152 fg. 893 bei Brand § 12 Anm. 2b S. 39, Thudichum Ann. 1876 S. 239) heißt es, daß vermieden werden sollte, daß das Gutachten von industriellen oder kaufmännischen Unternehmungen in einer dem Ansehen des Beamtenstandes schädlichen Weise zur Anlockung des Kapitals, Anpreisung des Unternehmens usw. ausgebeutet werde oder daß der Beamte in derselben Sache zugleich amtlich tätig sei. Die zweite Erwägung trifft bei Wartebeamten nicht mehr zu, die erste würde sich ebenso gegen die Freigabe des Gewerbebetriebes an den Beamten richten und kann deshalb nicht ausschlaggebend sein.

6) Weimar § 17 Abs. 5.

In Baden ist er im Gegensatz zum Aktivbeamten zur Anzeige einer Eheschließung nicht verpflichtet [1]).

e) Befreiung von öffentlichrechtlichen Pflichten.

Zu den Rechten sind auch besondere Befreiungen von öffentlichrechtlichen Pflichten zu zählen. Es handelt sich dabei um Rechtsregeln, die das zwischen dem Staate und dem Beamten begründete Rechtsverhältnis nicht zum Objekt, sondern nur zum Motiv haben und aus irgend welchen Erwägungen notwendig erscheinen [2]); so sollen z. B. Reichsbeamte, welche jederzeit in den Wartestand versetzt werden können, zum Amte eines Schöffen und Geschworenen nicht berufen werden (G. V. G. § 34/85 Abs. 2).

B. Das Wartegeld.

§ 12.

Der Anspruch auf Wartegeld ist nur eine Abart des Besoldungsanspruchs. Der Anspruch des Berufsbeamten auf standesgemäßen Unterhalt bleibt bestehen, wenn die Regierung ihm die Verwaltung seines Amtes entzieht. Der Wartegeldanspruch hat daher die rechtlichen Eigenschaften des Besoldungsanspruchs; die für das Diensteinkommen überhaupt geltenden Regeln gelten auch für ihn.

Das Wartegeld ist dem Beamten im voraus zu bezahlen, „wie dies dem Wesen der Alimentation entspricht" [3]). Mit dem angetretenen ersten Tage des Zeitraumes, für welchen die Wartegeldzahlung im voraus erfolgt, ist der Anspruch auf Wartegeld für den ganzen Zeitraum erworben [4]).

---

1) Baden § 15 Abs. 1 § 11.

2) Laband I S. 530.

3) Laband I S. 501.

4) Altenburg § 32 Abs. 6, § 10 Abs. 2; entsprechend ebenso z. B. Sachsen § 11 Abs. 3 und 4; Weimar § 30 Abs. 2, § 21 Abs. 1; Oldenburg Art. 49; Schaumburg-Lippe § 11 in der Fassung des Gesetzes vom 19. III. 1896 und § 29 Abs. 4. Abgesehen vom Sterbemonat resp. Quartal ist dieser Grundsatz bestritten, vgl. Brand § 5 Anm. 4 S. 22/23; Pieper § 5 Anm. 1 S. 47, gleicher Ansicht ist vor allem Laband S. 502 Anm. 1.

Scheidet der Beamte während dieses Zeitraumes aus dem Staatsdienste aus, so ist weder er noch seine Erben (Sterbequartal) zu einer anteiligen Rückzahlung des Wartegeldes verpflichtet. Das Wartegeld ist nur beschränkt pfändbar (§ 850 C. P. O.) und abtretbar, über den Wartegeldanspruch findet der Rechtsweg statt. Wartegeld-Rückstände verjähren in 4 Jahren [1]).

1. Die Höhe des Wartegeldes.

Das Wartegeld ist zumeist niedriger bemessen als die Besoldung der letzten Amtsstelle und wird als Teilbetrag dieser bestimmt [2]).

Als Besoldung ist nur der anrechnungsfähige, bei Berechnung der Pension zu Grunde zu legende [3]), Teil des letzten Diensteinkommens anzusehen; das ist regelmäßig der zuletzt bezogene bare Gehalt, der Durchschnittsbetrag des Wohnungsgeldzuschusses [4]), unwiderrufliche Stellen- oder persönliche Zulagen [5]) und alle sonstigen Bestandteile

---

1) §§ 197, 198, 201 B. G. B.

2) Regelmäßig ist es der Höchstbetrag, den ein Pensionär erreichen kann. „Eine auskömmliche Bemessung des Wartegeldes erscheint deshalb als billig, weil die einstweilige Versetzung in den Ruhestand überhaupt nur auf solche noch dienstfähige Beamte Anwendung zu finden bestimmt ist, denen ein Verschulden nicht zur Last fällt." (Reg.-Entwurf zum R. B. G., Drucksachen des Reichstags 1872 Nr. 9 S. 71.)

Sofern in einem Staate die Voraussetzungen für die zur Dispositionsstellung gesetzlich nicht erschöpfend geregelt werden sollten und deshalb eine Versetzung in den Wartestand auch aus gesetzlich nicht fixierten Gründen erfolgen kann — vgl. die in der Einleitung ausgeführten Grundsätze — ist in einem derartigen Falle der Beamte im Genusse seines vollen Gehaltes zu belassen (vgl. z. B. Rheinbaben S. 374/375).

3) So z. B. ausdrücklich R. B. G. § 26; Mecklenburg § 80 Abs. 1; Meiningen Art. 20 Abs. 1; Anhalt § 30; Rheinbaben S. 378b.

4) R. B. G. § 26/42 Nr. 1, § 8 Gesetz vom 30. VI. 1873; Brand § 26 Anm. 1 S. 68; in Preußen Zivilpens.-Gesetz vom 27. III. 1872 § 10—12: der volle Betrag des Wohnungsgeldzuschusses, vgl. Rheinbaben a. a. O.

5) Zwischen den einzelnen Staaten bestehen ziemliche Abweichungen, vgl. im einzelnen Bayern Art. 39 Abs. 2; Sachsen § 10; Württemberg Art. 11; Baden § 18; Weimar § 19; Mecklenburg § 9; Oldenburg Art. 13—15; Altenburg § 8; Gotha § 11 Abs. 1; Anhalt

des Diensteinkommens, welche für pensions- und wartegeldberechtigt ausdrücklich erklärt worden sind[1]). In Bayern[2]) wird außerdem bei befriedigender Dienstleistung und tadelfreiem dienstlichem und außerdienstlichem Verhalten in das anrechnungsfähige Diensteinkommen der Teilbetrag der nächsten Dienstalterszulage eingerechnet, der sich nach Maßgabe der seit der letzten Gehaltsvorrückung zurückgelegten Dienstzeit — wobei nur volle Monate in Betracht kommen — berechnet. Nicht zur Besoldung gehören stets alle Einkünfte, die ihrer rechtlichen Natur nach lediglich als Dienstaufwandsentschädigungen anzusehen sind, wie z. B. Repräsentationsgelder, Tagegelder, Umzugskosten, Remunerationen, Funktions- und Ortszulagen, mögen diese Bezüge auch — besonders wenn sie in der Form eines reichlich bemessenen Fixums gewährt werden — wirtschaftlich vom Beamten als Einkommen empfunden werden.

Regelmäßig wird in der Anstellungsurkunde angegeben, welcher Teil des Diensteinkommens als Besoldung, d. h. als anrechnungsfähig anzusehen ist[3]). Bekleidet der Beamte mehrere Ämter und wird er nur des einen oder einzelner derselben im Wege der Versetzung in den Wartestand enthoben, so berechnet sich das Wartegeld verschieden, je nachdem er ein Gesamtgehalt oder Einzelgehalte bezog[4]).

Der Jahresbetrag des auf diese Weise berechneten Wartegeldes ist nach oben abzurunden auf volle eine Mark, drei Mark oder vier Mark-Beträge[5]).

Die Festsetzung des Wartegeldes erfolgt durch das

---

§ 42; Rudolstadt § 10; Sondershausen § 13; Waldeck § 11/12; Reuß ä. L. § 18; Reuß j. L. § 10; Schaumburg-Lippe § 9 Abs. 1; Lippe § 10; Lübeck § 5; Bremen § 4.

1) Vgl. z. B. R. B. G. § 42 Nr. 2—4; Bayern § 39 Abs. 2.

2) Bayern Art. 39 Abs. 2; ebenso Baden § 35 Abs. 3, jedoch wird nur nach vollen Halbjahren gezählt.

3) So z. B. in Sachsen § 10; Baden § 20; Weimar § 5; Oldenburg Art. 13; Meiningen Art. 15; Gotha § 11; Altenburg § 8 Abs. 3; Sondershausen § 11 Abs. 2; Reuß j. L. § 10.

4) Vgl. das Nähere Württemberg Art. 25.

5) R. B. G. § 26 Abs. 2; Preußen Allerh. Erlaß vom 24. X. 1848; Bayern Art. 71 Abs. 2; Oldenburg Art. 49 § 1: 3 Mk.; Württemberg Art. 23; Baden § 48: 1 Mk.; Strelitz § 8: Pension auf 4 Mk., ebenso wohl Wartegeld.

zuständige Staatsministerium oder die von ihm beauftragte Behörde im Einvernehmen mit dem Finanzministerium[1]).

a) Ein fester Teilbetrag der Besoldung.

In der überwiegenden Mehrzahl der Staaten ist das Wartegeld ein festbestimmter Teilbetrag der Besoldung, unabhängig von deren Höhe und der Zahl der zurückgelegten Dienstjahre. Es beträgt entweder 70% oder 75% oder 80% oder ausnahmsweise sogar 100% der Besoldung[2]). Würde der Beamte aber schon als Pension einen höheren Betrag zu beanspruchen haben, so erhält er diesen höheren Betrag als Wartegeld[3]).

b) Ein veränderlicher Teilbetrag der Besoldung.

In Preußen[4]) richtet sich das Wartegeld nach der Höhe der Besoldung: Beamte mit einem Gehalt von 3600 Mk. und mehr jährlich erhalten die Hälfte des Gehaltes als Wartegeld. Von den Gehältern über 450 bis zu 3300 Mk. wird auf Grund einer besonderen Nachweisung degressiv ein bestimmter Teilbetrag des Gehaltes gewährt. Bei einem Gehalte von 450 Mk. und weniger behält der Beamte sein volles Gehalt.

---

1) Bayern Art. 71 Abs. 1; Baden § 54.

2) Im Reiche § 26 Abs. 1: $^{3}/_{4}$; Bayern Art. 39 Abs. 1: $^{3}/_{4}$; Sachsen § 19 Abs. 3, § 8 Gesetz vom 3. VI. 1876: $^{7}/_{10}$; Baden § 35 Abs. 4: 75% während der ersten zwei Jahre; Mecklenburg § 80 Abs. 1: $^{3}/_{4}$; Weimar § 30 Abs. 1: $^{4}/_{5}$; Oldenburg Art. 49 § 1: $^{4}/_{5}$; Meiningen Art. 20 Abs. 1: $^{3}/_{4}$; Altenburg § 30/31: Belassung der vollen Besoldung, bei wegen Krankheit zur Disposition Gestellten $^{8}/_{10}$; Gotha § 28 Abs. 1: $^{4}/_{5}$; Anhalt § 30: die volle pensionsfähige Besoldung; Rudolstadt § 27 Abs. 1: $^{4}/_{5}$; Sondershausen § 32 Abs. 1: $^{4}/_{5}$; Waldeck § 42: $^{3}/_{4}$; Reuß ä. L. § 18 Gesetz von 1883 § 26: $^{4}/_{5}$; Reuß j. L. § 27 Abs. 1: $^{4}/_{5}$; Schaumburg-Lippe § 29 Abs. 1: $^{4}/_{5}$; Lippe § 28 Abs. 1/2: $^{4}/_{5}$; Lübeck § 29: $^{3}/_{4}$; Bremen § 34: $^{4}/_{5}$; Hamburg § 41: $^{3}/_{4}$.

3) Z. B. Sachsen, nicht im Falle des § 8 Gesetz von 1876; die beiden Mecklenburg, Lippe a. a. O. Die Bestimmung ist überflüssig sofern, wie es in den meisten Staaten geschieht, der Höchstbetrag der Pension als Wartegeld gewährt wird.

4) Preußen Allerh. Erlaß vom 14. VI. und 24. X. 1848.

In Württemberg[1]) ist der Betrag des Wartegeldes verschieden, je nach der Zahl der zurückgelegten Lebensjahre und der Höhe des Gehaltes:

Bis zum 40. Lebensjahre beträgt das Wartegeld 50% des Gehaltes. Mit jedem weiteren angetretenen Lebensjahr bis zum 70. steigt das Wartegeld:

um $1^1/_3$% von dem Gehalte, welcher 2400 Mk. und weniger beträgt,

um $1^1/_6$% bei Gehältern über 2400 Mk.

Ein lebenslänglich angestellter Beamter mit 1200 Mk. Gehalt und weniger und ein kündbarer Beamter mit 700 Mk. und weniger behält sein volles Gehalt als Wartegeld.

In Baden[2]) beträgt das Wartegeld während der ersten zwei Jahre nach Aufhören der Dienstbezüge 75% des letzten urkundlich festgesetzten Einkommensanschlags, bei längerer Dauer des Wartestandes berechnet sich das Wartegeld wie der Ruhegehalt (d. h. nach 10 Dienstjahren 35%, steigend halbjährlich um $^8/_{10}$ % bis zu 75%), jedoch beträgt es mindestens 50% des Einkommensanschlags.

c) Höchstbetragsgrenzen.

Das Wartegeld darf in Preußen nicht die Summe von 6000 Mk., in Württemberg nicht von 8000 Mk., im Reiche nicht von 12000 Mk. übersteigen[3]), es sei denn, daß der Beamte bereits eine höhere Pension erdient hat[4]).

Das nach den Bestimmungen unter a—c berechnete Wartegeld wird gekürzt um den Betrag anderweiter Bezüge aus einem früheren öffentlichen Dienst[5]).

d) Besondere Bestimmungen für die verantwortlichen Minister.

Die Minister stehen in Sachsen[6]) mit einem Wartegeld von nur drei Fünfteilen ihrer Besoldung zur Disposi-

---

1) Württemberg Art. 23.

2) Baden § 35 Abs. 4.

3) R. B. G. § 26 Abs. 3; Preußen Allerh. Erlaß vom 14. VI. und 24. X. 1848; Württemberg Art. 23.

4) R. B. G. § 26 Abs. 3.

5) Bayern Art. 39 Abs. 4: Unfallrente aus der Staatskasse; Baden § 36 Abs. 1: Ruhegehalt, Wartegeld u. dergl.

6) Sachsen § 9 Abs. 5 und 6.

tion, in Oldenburg[1]) mit der feststehenden Summe von 8150 Mk. In Altenburg[2]) erhält der Staatsminister $^{6}/_{10}$, die übrigen ordentlichen stimmberechtigten Mitglieder des Gesamtministeriums $^{8}/_{10}$ ihrer Besoldung als Wartegeld.

Hat der Minister vor dem Eintritt in das Staatsministerium eine das gesetzliche Wartegeld übersteigende Besoldung bezogen, so erhält er diese als Wartegeld[3]).

2. Die Dauer des Wartegeldanspruchs.

§ 13.

a) Sein Beginn.

Da der Wartegeldanspruch an die Stelle des Gehaltsanspruchs tritt, so beginnt der erstere und endet der letztere in ein und demselben Zeitpunkt[4]).

Die dem Beamten zur Bestreitung von Dienstaufwandskosten gewährten Einkünfte gehören zum Amte, sie fallen daher unabhängig vom Beginn der Wartegeldzahlung schon vor dieser weg in dem Zeitpunkte, von dem an der Beamte wegen Versetzung in den Wartestand tatsächlich seine amtliche Tätigkeit einstellt[5]) und infolge dessen auch zur Tragung des Dienstaufwandes nicht mehr verpflichtet ist[6]). Sofern und solange der Beamte nach Bekanntgabe seiner Versetzung in den Wartestand sein Amt noch versieht, bezieht er auch noch das gesamte persönliche und sächliche Diensteinkommen. Werden ihm der Einfachheit halber die Dienstaufwandsentschädigungen noch bis

---

1) Oldenburg Art. 51 § 1, der Betrag ist mehrfach erhöht worden, jetzt Gesetz vom 1. IV. 1911.

2) Altenburg § 33.

3) Oldenburg Art. 51 § 1; Altenburg § 33; Coburg-Gotha § 33; Rudolstadt § 32; Sondershausen § 37; Schaumburg-Lippe § 34.

4) R.B.G. § 27; Bayern Art. 40; Baden § 47 Abs. 1; Schwerin § 80 Abs. 3; Weimar § 31 Abs. 1; Anhalt § 31; Waldeck § 42; Lübeck § 30; Bremen § 35.

5) R.B.G. § 27 Satz 3; Begründung zum R.B.G. Novelle vom 17. V. 1907 S. 11; Brand § 27 Anm. 3 S. 69; Pieper § 27 Anm. 4 S. 193.

6) Baden § 47 Abs. 1; Meiningen Art. 20 Abs. 2; Gotha § 28 Abs. 2; Rudolstadt § 27 Abs. 2; Sondershausen § 32 Abs. 2; Reuß j. L. § 27 Abs. 2; Schaumburg-Lippe § 29 Abs. 3.

zum Ende des Monats, in dem er seine Dienstleistung tatsächlich einstellt oder noch länger belassen, so hat er während dieser Zeit auch den Dienstaufwand zu tragen [1].

Da auch die Repräsentationsgelder als Aufwandsentschädigungen anzusehen sind [2], fallen sie mangels ausdrücklicher Bestimmungen wie diese mit dem Dienstaustritt fort. Unter Berücksichtigung der Tatsache aber, daß es sich bei Beamten, welche Repräsentationsgelder beziehen, im Falle einer Versetzung in den Wartestand stets darum handelt, einen nur wegen der amtlichen Stellung besonders groß geführten Haushalt auf ein bescheideneres Maß zurückzuführen oder ganz aufzulösen, erscheint der Fortbezug der Repräsentationsgelder über das Ende der Dienstleistung hinaus bis zum Beginn des Wartegeldes wenn auch nicht in voller Höhe wünschenswert und ausreichend [3]. Nach Reichsrecht werden deshalb die Repräsentationsgelder vom Zeitpunkt der einstweiligen Versetzung in Ruhestand bis zum Beginn der Wartegeldzahlung in Höhe von 80% weiter gewährt [4].

Um dem Beamten Zeit zu geben, sich auf die mit der Dispositionsstellung verbundene Einkommensminderung wirtschaftlich vorzubereiten [5], hört die Gehaltszahlung auf und beginnt das Wartegeld [6] erst mit dem Ablaufe des Vierteljahres, welches auf den Monat folgt, in welchem dem Beamten die Entscheidung über seine Versetzung in den Wartestand, der Zeitpunkt derselben und die Höhe des

---

1) So ausdrücklich Weimar § 31 Abs. 2; das gleiche muß auch für Anhalt § 31 gelten, wo dem Beamten das volle Diensteinkommen bis zum Beginn des Wartegeldes verbleibt.

2) Vgl. R. O. H. G.-Entscheidung vom 16. II. 1877 (Bd. 21 S. 388).

3) Vgl. auch Begründung zum R. B. G. Novelle vom 17. V. 1907 S. 11 (Drucksachen des Reichstages, XII. Legislatur-Periode, I. Session, Bd. IV Nr. 333).

4) R. B. G. § 27. Diese Bestimmung ist erst durch die Novelle von 1907 in das R. B. G. eingefügt worden, um vorher bestehende Zweifel über die rechtliche Natur der Repräsentationsgelder zu beseitigen.

5) Brand § 27 Anm. 2 S. 69; Pieper § 27 Anm. 3/4 S. 192; Kanngießer § 27 Anm. 1 S. 113; Begründung zum Weimarischen B. G. S. 714.

6) Unabhängig vom tatsächlichen Ende der Dienstleistung.

Wartegeldes bekannt gemacht worden ist [1]), sofern nicht auf seinen Antrag oder mit seiner Zustimmung ein früherer Zeitpunkt festgesetzt wird. Ist in der Verfügung ausnahmsweise ein späterer — über 3 Monate hinaus liegender — Zeitpunkt für die Wirksamkeit der einstweiligen Versetzung in den Ruhestand bestimmt, so beginnt auch der Anspruch auf Wartegeld erst mit diesem Zeitpunkte [2]).

Abweichend hiervon sind die Verhältnisse in Baden, den beiden Mecklenburg, Weimar, Waldeck und Lippe [3]).

Fehlt gesetzliche Bestimmung [4]), so beginnt die Zahlung des Wartegeldes zugleich mit dem Eintritt in den Wartestand, jedoch erst mit Ende des Zeitraums, für den der Gehalt bereits gezahlt ist, da mit dem ersten Tage dieses Zeitraumes die ganze Gehaltsrate als verdient anzusehen ist und das Wartegeld nur an die Stelle des Gehaltes tritt.

b) Die Art der Auszahlung.

Die Auszahlung des Wartegeldes erfolgt wie die Ge-

1) R.B.G. § 27; Preußen § 24 Zivilpens.-Ges. vom 27. III. 1872 (Müller Bd. 1 S. 714 Nr. 8); Bayern Art. 40; Württemberg Art. 24 Abs. 2; Meiningen Art. 20 Abs. 2: bis zum Ablauf dieses Vierteljahres werden die bisherigen Dienstbezüge „als Wartegeld" fortgezahlt; Gotha § 28 Abs. 2; Anhalt § 31; Rudolstadt § 27; Sondershausen § 32 Abs. 2; Reuß j. L. § 27 Abs. 2; Schaumburg-Lippe § 29 Abs. 3; Lübeck § 30, Bremen § 35: Nach Ablauf von drei vollen Kalendermonaten nach Bekanntgabe der Entscheidung.

2) Bayern Art. 40 Satz 2.

3) In Baden § 47 Abs. 1 bezieht der Beamte sein Diensteinkommen inkl. der tarif- und budgetmäßigen Dienstzulagen (V.V.O. zum B.G. § 71) — aber abgesehen von wandelbaren und Naturalbezügen, soweit deren Vereinnahmung durch wirkliche Dienstleistung bedingt ist — noch einen Monat nach Ablauf des Monats, in dem ihm seine zur Ruhesetzung eröffnet worden ist.

In den beiden Mecklenburg § 80 Abs. 3 beginnt die Wartegeldzahlung mit Ablauf des Vierteljahres, in welchem dem Beamten die Entscheidung über seine Versetzung in den Wartestand bekannt gemacht worden ist, in Weimar § 31 Abs. 1: 3 Monate nach Eintritt in den Wartestand und sofern dies nicht der erste eines Monates war, 3 Monate nach Anfang des nächsten Monats; in Lippe § 28 Abs. 3: 3 Monate nach der Dispositionsstellung; in Waldeck § 42: mit dem nächsten Quartal nach der Dispositionsstellung.

4) Das ist der Fall in Preußen, Sachsen, Oldenburg, Altenburg, Reuß ä. L. und Hamburg.

haltszahlung[1]) monatlich, vierteljährlich oder sechswöchentlich im voraus oder nachträglich[2]). Bei Berechnung der Raten sich ergebende Pfennigbeträge kommen erst mit der letzten Rate des Jahres zur Auszahlung[3]).

c) Nachträgliche Veränderungen des Wartegeldanspruchs.

§ 14.

1. Erhöhung.

In Sachsen wird das Wartegeld eines Beamten, der wegen vorübergehender Krankheit in den Wartestand versetzt worden ist, entsprechend erhöht, wenn der Gehalt der Dienststelle, die er bis zu seiner Versetzung in den Wartestand bekleidet hat, eine Gehaltserhöhung erfährt[4]).

---

1) Dieser ausdrückliche Hinweis auf die Art der Gehaltszahlung befindet sich im R. B. G. § 27; Württemberg Art. 24 Abs. 1; Mecklenburg § 80 Abs. 2; Altenburg § 32 Abs. 6; Anhalt § 31; Schaumburg-Lippe § 29 Abs. 4; Lübeck § 30; Bremen § 35.

2) R. B. G. § 27/5: monatlich oder vierteljährlich im voraus; Preußen § 1 und 5 Gesetz vom 7. III. 1908: vierteljährlich im voraus; Bayern Art. 41: monatlich im voraus; Sachsen (O. Mayer S. 242): ratenweise in verschiedenen bezeichneten Abschnitten des Jahres; Württemberg Art. 12 Abs. 1, Art. 24: monatlich im voraus; Baden § 73: in Monatsbeträgen, vgl. auch V. V. O. zum B. G. § 84; Schwerin § 80 Abs. 2 Bekanntmachung vom 27. X. 1873: vierteljährlich im voraus; Weimar § 30 Abs. 2 § 21: für die Hälfte eines Vierteljahres im voraus; Strelitz, allg. Verw.-Vorschrift: vierteljährlich postnumm.; Oldenburg Art. 49 § 1—3: vierteljährlich oder monatlich; Meiningen Art. 20 Abs. 2: monatlich im voraus; Altenburg § 32/10: monatlich oder vierteljährlich im voraus; Gotha § 13: monatlich im voraus; Anhalt § 31/8: monatlich im voraus; Rudolstadt § 12: quartaliter im voraus; Sondershausen § 32 Abs. 2: monatlich oder vierteljährlich im voraus; Waldeck § 13: vierteljährlich im voraus; Reuß j. L. § 12: monatlich im voraus; Schaumburg-Lippe § 29 Abs. 4, § 11 Gesetz vom 19. III. 1896: vierteljährlich im voraus; Lippe § 12: der Gehalt vierteljährlich; Lübeck § 30/14: monatlich im voraus; Bremen § 35/18: monatlich im voraus.

3) Lübeck § 14; Bremen § 18.

4) Sachsen Gesetz vom 15. VI. 1874 § 4; Gesetz vom 3. VI. 1876 § 8.

2. Minderung.

In einer Reihe von Staaten ruht unter bestimmten Voraussetzungen die Auszahlung des Wartegeldes ganz oder teilweise, während dem der Wartegeldanspruch bestehen bleibt, so daß nach Fortfall dieser Voraussetzungen auch die Wartegeldzahlung wieder in der ursprünglichen Höhe erfolgt [1]).

a) Die Voraussetzungen.

Das Wartegeld ruht, wenn und so lange der in den Wartestand versetzte Beamte infolge einer Verwendung — sei es Anstellung in einem etatmäßigen Amt, sei es Beschäftigung in einem außeretatmäßigen [2]) — im Staatsdienste [3])

---

1) Das Ruhen des Wartegeldes ist unbekannt in Sachsen, Oldenburg, Altenburg, Gotha, Rudolstadt, Waldeck, Reuß ä. L., Reuß j. L., Schaumburg-Lippe, Lippe und Hamburg.

2) Pieper § 30 Anm. 3 S. 200; R. B. G. § 30; Württemberg Art. 28 Abs. 1: Wiederanstellung oder Beschäftigung; Bayern Art. 44, Baden § 51: Verwendung.

3) Welcher Art die Dienststellung sein muß, damit ein Ruhen des Wartegeldes eintritt, ist in den einzelnen Gesetzen verschieden normiert:

Im Reiche muß es sich um Militärdienst handeln oder eine Anstellung oder Beschäftigung als Beamter oder in der Eigenschaft eines Beamten im Reichs-, Staats- oder Kommunaldienste, bei den Versicherungsanstalten für die Invalidenversicherung, bei ständischen oder solchen Instituten, welche ganz oder zum Teil aus Mitteln des Reichs, eines Bundesstaates oder einer Gemeinde unterhalten werden. R. B. G. § 30/57 Nr. 2 Abs. 2, eingefügt durch die Novelle von 1907. Alle sonstigen Einnahmen aus Privatdiensten, gewerblichen Unternehmungen usw. bleiben außer Betracht. Das Wartegeld ruht bei einer Anstellung im Reichsdienste — im Gegensatz zu Landesdienst — nur dann, falls der Gehalt der neuen Stelle das der früheren nicht erreicht, andernfalls geht er dauernd verloren, vgl. R. B. G. § 29 Nr. 1. Unter Staatsdienst ist nur der Dienst in einem deutschen Bundesstaat zu verstehen (Brand § 30 Anm. 1c S. 73, Pieper § 30 Anm. 5 S. 201, Perels § 30 Anm. II S. 90).

Preußen Runderlaß vom 22. I. 1909 (Ministerialblatt für die innere Verwaltung S. 62) § 27 Abs. 2 Zivilpens.-Gesetz vom 27. III. 1872: wie im Reich; Bayern Art. 44 Nr. 3: Staats- oder sonstiger öffentlicher Dienst; Württemberg Art. 28 Abs. 1: Reichs-, Staats-, Kirchen- oder Schuldienst; Baden § 51 Nr. 3, § 36 Abs. 2: Inländischer staatlicher oder sonstiger öffentlicher Dienst (Militär-, Reichs-, Staats-, Kirchen-, Kommunaldienst und Dienst in der Haus- und Hofverwaltung des Landesherrn oder eines Mitgliedes des Großh. Hauses; Mecklenburg ein Diensteinkommen bezieht[1]), insoweit, als der Betrag dieses neuen Diensteinkommens unter Hinzurechnung des Wartegeldes den Betrag des von dem Beamten vor der Versetzung in den Wartestand bezogenen Diensteinkommens übersteigt[2]).

Das Wartegeld ruht fernerhin:

wenn der Beamte die deutsche Reichsangehörigkeit verliert bis zu ihrer Wiedererlangung[3]),

wenn er ohne Erlaubnis seinen Wohnsitz außerhalb des Deutschen Reiches nimmt bis zur Rückverlegung oder nachträglichen Genehmigung[4]),

wenn er die Rechtsanwaltschaft ausübt, nach Ablauf

---

§ 83: Mecklenburgischer Staatsdienst oder Dienst im Reiche, einem Bundesstaat, einer Gemeinde oder sonstiger öffentlicher Dienst; Weimar § 34b: in einer öffentlichen Dienststellung; Meiningen Art. 23, Sondershausen § 36: öffentlicher oder Privatdienst; Lübeck § 33, Bremen § 38: Dienst im Reiche, einem Staate oder einer kirchlichen oder politischen Gemeinde.

1) Im Reiche muß die Wiederbeschäftigung eine amtliche sein, jeder außeramtlicher, auf privatrechtlichen Titeln beruhender Erwerb aus Arbeitsleistungen für den Staat bleibt ohne Einfluß auf das Wartegeld (Brand § 30 Anm. 1b S. 73; ausdrücklich sagt dies Baden § 51 Abs. 2: Die „Wirkung knüpft sich nur an die Verwendung in solcher Tätigkeit, welche sonst einem Beamten übertragen zu werden pflegt."

2) Bei der Gegenüberstellung von altem und neuem Diensteinkommen ist maßgebend nicht nur das Wartegeld (Pensions-) fähige, sondern das gesamte für die persönliche Diensttätigkeit gewährte Einkommen unter Ausschluß der Dienstaufwandsentschädigungen. (Pieper § 30 Anm. 6 S. 201, Brand § 57 Anm. 3e S. 115.) Ebenso in Preußen (Rheinbaben S. 378/79); Württemberg Art. 28 Abs. 1; Mecklenburg § 83; Lübeck § 33; Bremen § 38.

Baden § 51: . . . ein Einkommen, Warte- oder Ruhegehalt bezieht, insoweit dessen Betrag zusammen mit dem Ruhegehalt den Einkommensanschlag um mehr als 10% übersteigt, der für den Beamten bei seiner Zuruhesetzung maßgebend war, oder den er nach und nach auf seiner letzten Amtsstelle hätte erreichen können, sofern er die Zeit seiner Wiederverwendung darauf zugebracht hätte; in Weimar § 34 werden neues Diensteinkommen und letzte Besoldung verglichen; in Meiningen Art. 23, Sondershausen § 36; Bayern Art. 44: neues Diensteinkommen und letztes Gehalt.

3) Bayern Art. 44 Nr. 1; Baden § 51 Nr. 2.

4) Bayern Art. 44 Nr. 2; Baden § 51 Nr. 1; Weimar § 34b.

von 2 Jahren seit der Eintragung als Rechtsanwalt bis zur Löschung der Eintragung [1]).

während der Verbüßung einer Freiheitsstrafe [2]).

β) Der Zeitpunkt.

Die Einziehung oder Kürzung des Wartegeldes wird von der zuständigen Stelle verfügt und tritt mit Ende des Monats ein, in welchem das eine solche Veränderung bedingende Ereignis sich zugetragen hat; tritt dieses Ereignis am ersten Tage eines Monats ein, so hört die Zahlung mit dem Beginne dieses Monats auf [3]). Hat der Wartebeamte das Wartegeld über diesen Zeitpunkt hinaus bezogen, so hat er den zu viel bezogenen Betrag zurückzuerstatten oder sich anrechnen zu lassen [4]).

Bei nur vorübergehender Wiederbeschäftigung gegen Tagegelder oder eine andere Entschädigung beginnt die Einziehung oder Kürzung mit dem Ablaufe von 6 Monaten vom ersten Tage des Monats der Beschäftigung ab gerechnet [5]). Unter vorübergehender Beschäftigung sind nur zur Befriedigung vorübergehender Bedürfnisse bestimmte und ihrer

---

1) Baden § 51 Nr. 4.

2) Weimar § 34c, im Falle der Bedürftigkeit kann das Wartegeld an die Familienangehörigen fortgewährt werden; in Preußen z. B. Reskript vom 2. II. 1854 bei Herrfurth S. 808: wird bei Verbüßung einer Freiheitsstrafe das volle Wartegeld weiter gewährt.

3) R. B. G. § 30 Satz 2 eingefügt durch die Novelle von 1907 und § 60 Abs. 1; Bayern Art. 45 Abs. 1; Lübeck § 33a Gesetz vom 4. XII. 1909; in Preußen § 29 Abs. 1 Zivilpens.-Gesetz, Runderlaß vom 27. VIII. 1903, Baden § 52 Abs. 1: tritt die Einziehung oder Kürzung mit Beginn des auf das maßgebende Ereignis folgenden Monats ein (Satz 2 fehlt); in Baden § 52 Abs. 3 wegen des den zulässigen Höchstbetrag übersteigenden anderweiten Diensteinkommens, schon mit dem betr. Tage; in Weimar § 34a; Meiningen Art. 23: ruht das Wartegeld wegen anderweiten Diensteinkommens erst vom Beginne des siebenten Monats der Beschäftigung an.

4) Bayern Art. 45 Abs. 3.

5) R. B. G. § 30, 60 Abs. 2; Preußen § 29 Abs. 2 Zivilpens.-Ges., Runderlaß vom 27. VIII. 1903; Württemberg Art. 28 Abs. 2; Lübeck § 33a Gesetz vom 4. XII. 1909.

Natur nach zeitlich beschränkte Dienstleistungen zu verstehen, bei denen eine Aussicht auf dauernde Beschäftigung von vornherein nicht vorhanden ist [1]).

Die Wiedergewährung des Wartegeldes hebt mit dem Beginne des Monats an, in welchem das eine solche Veränderung bedingende Ereignis sich zugetragen hat [2]).

Mangels ausdrücklicher Bestimmung ist für den Zeitpunkt der Einziehung und Kürzung des Wartegeldes maßgebend der Tag des Beginns der dienstlichen Tätigkeit und für die Wiedergewährung der auf das Aufhören folgende Tag [3]).

d) Verlust des Wartegeldes.

Aus bestimmten gesetzlichen Gründen hört die Zahlung des Wartegeldes auf und der Wartegeldanspruch geht endgültig verloren [4]).

1. Fortdauer des Wartestandes.

Der Verlust des Wartegeldanspruchs ist mit einer Endigung des Wartestandes und dem Verlust der Beamteneigenschaft nicht notwendig verbunden [5]). In den folgenden Fällen geht das Wartegeld verloren trotz Fortdauer des Wartestandes:

a) wenn der Beamte sich weigert, ein Amt, zu dessen

---

1) Vgl. das Nähere bei Perels § 30 Anm. V S. 91; Brand § 30 Anm. 2 S. 74; R. G. Zivils. Bd. 28 S. 80.

2) R. B. G. § 30, 60 Abs. 3; Bayern Art. 45 Abs. 2; Lübeck § 33a Gesetz vom 4. XII. 09; in Preußen, Baden a. a. O. mit Beginn des nächsten Monats.

3) Gugel Art. 28 Anm. 1.

4) In keinem B. G. werden die Gründe für den Verlust des Wartegeldes an der betr. Stelle vollständig und erschöpfend aufgezählt, die selbstverständlichen Verlustgründe fehlen zumeist, vgl. auch S. 66.

5) Vgl. auch Brand § 28 Anm. 2a S. 70.

Annahme er verpflichtet ist, zu übernehmen [1]) oder einzelne Aufträge der Staatsregierung auszuführen [2]),

b) wenn er das deutsche Indigenat verliert [3]) oder

c) ohne Genehmigung seinen Wohnsitz außerhalb der Bundesstaaten nimmt [4]),

d) wenn er ohne Erlaubnis in fremde Staatsdienste tritt [5]) oder Aufträge fremder Regierungen ausführt [6]),

e) wenn er sich in eine Lage versetzt, welche seine

---

1) Vgl. die Zitate S. 40 Nr. 1. In diesen Staaten ist außerdem (vgl. oben S. 39 unter b) auch, in Preußen, Bayern, Hamburg im Falle der Weigerung dagegen nur Disziplinarbestrafung möglich. Wenn gleichwohl auch in den zuletzt genannten Staaten die Zahlung des Wartegeldes aufhört, so hat dies nicht seinen Rechtsgrund in der Weigerung des Beamten, das neue Amt anzutreten, es ist dies vielmehr nur die natürliche Folge der Wiederindienststellung (vgl. darüber folgenden Abschnitt).

Nach der Bestimmung der an erster Stelle genannten Staaten kann dem sich weigernden Beamten sofort nach seiner Weigerung noch während der Dauer des Wartestandes — der Zeitpunkt des Dienstantritts braucht noch nicht herangekommen zu sein — das Wartegeld entzogen werden. In den drei zuletzt genannten Staaten hingegen hört auf jeden Fall das Wartegeld erst mit der Wiederindienststellung, die von der Regierung einseitig verfügt wird und einer Annahme von Seiten des Beamten nicht bedarf, auf. Eine vor diesem Zeitpunkt geäußerte Weigerung hat nicht Wartegeldverlust, sondern nur Disziplinarbestrafung im Gefolge, nach der Übertragung des neuen Amtes befindet sich der Beamte, wenn auch wider seinen Willen, im Aktivitätsstande, sein Ungehorsam wird dann nach den für den aktiven Beamten geltenden Vorschriften bestraft, er kann deshalb nicht des Wartegeldes, sondern höchstens des Gehaltes für verlustig erklärt werden.

Dieser Ansicht entsprechen sowohl die Motive zum bayerischen Beamtengesetz (cf. oben S. 40 Anm. 2) als auch der Wortlaut des preußischen Erlasses von 1848, nach dem den Beamten ein Wartegeld solange bewilligt wird, „bis ihnen . . . ein anderes öffentliches Amt übertragen wird"; mit der Übertragung hört demnach das Wartegeld von selbst auf, gleichgültig ob der Beamte das Amt auch tatsächlich antritt. Die Wirkungen der Wiederanstellung treten ein, auch wenn der Beamte diese verweigert.

2) Vgl. oben S. 41 Nr. 2.

3) Vgl. oben S. 41 Nr. 3.

4) Vgl. oben S. 41 Nr. 4 und Perels § 29 Anm. III S. 88.

5) Vgl. oben S. 41 Nr. 5.

6) Vgl. oben S. 41 Nr. 6.

Wiederanstellung oder zeitweise Beschäftigung im Staatsdienste verhindert oder erschwert [1]),

f) wenn er ohne Erlaubnis einen Erwerbszweig ergreift und innerhalb einer vorzuschreibenden Frist nicht niederlegt [2]),

g) wenn er durch eigene grobe Verschuldung dienstunfähig wird oder sich so unwürdig oder pflichtvergessen zeigt, daß, wenn er im aktiven Dienst stände, seine Entfernung aus dem Dienste verfügt würde [3]).

Der Verlust des Wartegeldes tritt nicht ipso jure ein, vielmehr ist die Einstellung der Zahlung von der zuständigen Behörde — Anstellungs- oder Dienstbehörde — zu verfügen [4]) und die Verfügung an das Finanzministerium mitzuteilen [5]) Gegen die Einziehung des Wartegeldes steht dem Beamten die Verwaltungsbeschwerde und der Rechtsweg offen, für die Gerichte sind aber alle Vorentscheidungen der Behörden über nicht vermögensrechtliche Punkte bei der Beurteilung maßgebend [6]).

Abweichend hiervon ist in einigen Gesetzen bestimmt, daß der Verlust des Wartegeldes entweder in allen Fällen oder nur in bestimmten oder nur auf Verlangs des Beamten durch rechtskräftige Entscheidung der zuständigen Disziplinarbehörde auszusprechen ist [7]).

2. Endigung des Wartestandes.

Der Wartestand endet und mit ihm die Zahlung des Wartegeldes, wenn dem Beamten ein neues Amt unter den

1) Vgl. oben S. 41 Nr. 7.

2) Oldenburg Art. 52 Nr. 6.

3) Oldenburg Art. 52 Nr. 7; die Wirkung einer Dienstentlassung hat der Wartegeld-Verlust aber nicht.

4) Gugel § 27 Anm. 1; Brand § 29 Anm. 7 S. 72; Pieper § 29 Anm. 1 S. 197; Perels § 29 Anm. 5 S. 89, § 28 Anm. I.

5) Baden V. V. O. zum B. G. § 72.

7) Brand § 28 Anm. 2a S. 70.

6) Waldeck § 46, Reuß j. L. § 31, Lippe § 32, Schaumburg-Lippe § 32: in allen Fällen; in Oldenburg Art. 53, Coburg-Gotha § 32, Rudolstadt § 47, Gesetz vom 10. V. 1858: auf Verlangen; Sondershausen § 35: in bestimmten Fällen.

Voraussetzungen, unter denen er zu dessen Annahme verpflichtet ist, wieder übertragen wird [1]).

Abgesehen von diesem Fall hört die Wartegeldzahlung nach der Mehrzahl der Gesetze auch schon dann auf, wenn der Beamte in ein Amt des Reichs resp. Staatsdienstes mit einem seinem früheren mindestens gleichem Diensteinkommen wieder eintritt [2]); verpflichtet ist er zur Annahme

---

1) Es ergibt sich dies aus dem Wesen und Zweck des Wartegeldes, auch ohne besonderen gesetzlichen Hinweis; ausdrückliche Bestimmung ist vorhanden in Preußen: Allerh. Erlaß von 1848; Bayern Art. 43 Nr. 1, Hamburg § 41 Abs. 2; ebenso dem Sinne nach Schaumburg-Lippe § 29 Abs. 1.

2) R. B. G. § 29 Anm. 1 (darüber, ob der Staatsdienst in Elsaß-Lothringen, den Schutzgebieten und der Dienst an der Reichsbank als Reichsdienst im Sinne dieser Vorschrift anzusehen ist, sind die Ansichten verschieden, vgl. z. B. Arndt Staatsrecht S. 652, Brand S. 71, Pieper S. 197, Gugel Art. 27 Anm. 5).

Es genügt, wenn das mit der neuen Stelle verbundene Einkommen tatsächlich die gleiche Höhe hat, wie das frühere, nicht aber ist es notwendig, daß es sich um eine Wiederanstellung unter den Voraussetzungen der § 28/23 R. B. G. handelt. Das neue Amt kann im Range niedriger sein, braucht nicht der Berufsbildung des Beamten zu entsprechen, das e t a t mäßige Einkommen muß das frühere nicht erreichen, die Umzugskosten brauchen nicht erstattet zu werden (Perels § 29 Anm. II S. 88, Brand § 28 Anm. 2 S. 71). A. M. Pieper § 29 Anm. 4 S. 198, der meint, daß die Bestimmung des § 29 Nr. 1 R. B. G. lediglich die Konsequenz aus § 28 ziehe, der Verlust trete deshalb nur dann ein, wenn es sich um die volle Zurückversetzung in den früheren amtlichen Zustand im Sinne der §§ 28/23 handele. Dieser Ansicht steht aber entgegen der klare Wortlaut des § 29, der einen selbständigen Tatbestand aufstellt und nicht (wie es z. B. in Bayern der Fall ist) auf die in § 28 statuierten Voraussetzungen verweist.

Preußen Allerh. Erlaß vom 14. VI. 1848: wenn ihm ein anderes öffentliches Amt übertragen wird; Württemberg Art. 27 Nr. 1: wenn der Beamte im Reichs-, Staats-, Kirchen- oder Schuldienst mit einem seinem früheren mindestens gleichen Gehalt und Pensionsberechtigung wieder angestellt wird; Baden § 50 Nr. 2: wenn er im inländischen staatlichen Dienst wieder etatmäßig angestellt wird; Mecklenburg § 82 Nr. 2: wenn er im landesherrlichen Dienst mit einem seinem früheren mindestens gleichen Diensteinkommen wieder angestellt wird; Weimar § 33a: wenn er wieder (d. h. im Staatsdienst) angestellt wird; Meiningen Art. 22 Nr. 2: wenn er im Staatsdienste mit einem seinem früheren mindestens gleichen Gehalt (Diensteinkommen) anderweit (d. h. im Gegensatz zur vollen Reaktivierung) wieder angestellt

eines derartigen Amtes — falls nicht auch die übrigen Voraussetzungen vorliegen — natürlich nicht. Dieser zweite Fall umfaßt als der weitergehende regelmäßig auch den ersten.

Schließlich geht der Wartegeldanspruch verloren mit der Aufhebung des Beamtenverhältnisses überhaupt; die Wartegeldzahlung endet daher [1]:

a) wenn der Beamte freiwillig um seine Dienstentlassung nachsucht und sie erhält [2],

b) wenn er im Wege des förmlichen Disziplinarverfahrens des Dienstes entlassen wird (Dienstentsetzung [3]),

c) wenn er durch strafgerichtliches Urteil seines Amtes verlustig wird (§ 31 fg. St. G. B.) [4],

d) durch Kündigung oder Widerruf, sofern der Beamte nicht lebenslänglich angestellt ist [5],

e) wenn er pensioniert wird [6] oder

f) wenn er stirbt [7].

---

wird; Anhalt § 33 Abs. 1: wie Reich; Sondershausen § 35: wie Meiningen; Lübeck § 32, Bremen § 37: wie Reich.

1) In den einzelnen Beamtengesetzen werden ganz willkürlich nur einige der folgenden Fälle erwähnt.

2) Weimar § 33e; Coburg-Gotha § 31a; Schwarzburg-Rudolstadt § 30 Nr. 1; Schwarzburg-Sondershausen § 35 Nr. 1; Waldeck § 45; Lippe § 31.

3) R. B. G. § 29 Nr. 4; Bayern Art. 43 Nr. 3; Sachsen § 19 Abs. 5; Württemberg Art. 27 Nr. 4; Baden § 50 Nr. 1; Mecklenburg § 82 Nr. 5; Weimar § 33 f.; Meiningen Art. 22 Nr. 5; Gotha § 31a; Anhalt § 32 Abs. 1; Rudolstadt § 30 Nr. 1; Sondershausen § 35 Nr. 1; Waldeck § 45; Reuß ä. L. Gesetz von 1883 § 27 Nr. 1; Reuß j. L. § 30 Nr. 1; Lippe § 31; Lübeck § 32 Nr. 4; Bremen § 37 Nr. 3.

4) Bayern Art. 43 Nr. 3; Württemberg Art. 27 Nr. 4; Baden Art. 50 Nr. 1; Oldenburg Art. 52 Nr. 1; Reuß ä. L. Gesetz von 1883 § 27 Nr. 1.

5) Weimar § 33e.

6) Preußen Allerh. Erlaß vom 14. VI. 1848; Bayern Art. 43 Nr. 2; Württemberg Art. 27 Nr. 3; Mecklenburg § 82 Nr. 6; Weimar § 33a; Sondershausen § 35 Nr. 3.

7) Bayern Art. 43 Nr. 4.

3. Der Zeitpunkt.

Die Wartegeldzahlung hört mangels abweichender Bestimmung mit dem Ende des Tages auf, an dem das den Verlust bedingende Ereignis eintritt, resp. mit Beginn des folgenden Tages [1]), insbesondere endigt auch das Wartegeld und beginnt die neue Stellenbesoldung im gleichen Zeitpunkt.

e) Fortzahlung an Hinterbliebene.

§ 15.

Die letzte vor dem Tode des Wartebeamten im voraus gezahlte Wartegeldrate ist in voller Höhe in dessen Eigentum übergegangen, auch wenn die Zeit, für die die Vorauszahlung erfolgt ist, noch nicht abgelaufen war; sie geht deshalb auf die Erben des Beamten und, sofern zu diesen auch die Hinterbliebenen gehören, auch auf diese über (Sterbemonat oder Sterbequartal) [2]).

Die Hinterbliebenen eines Beamten haben Anspruch

---

1) Brand § 29 Anm. 7 S. 72; Perels § 29 Anm. III S. 89; Gugel Art. 27 Anm. 8; Preußen Reskript vom 21. X. 1848; Baden § 52 Abs. 1 und 2; Weimar Begründung zum B. G. S. 714.

In Bayern Art. 45 Abs. 1, Lübeck § 33a Gesetz vom 4. XII. 1909 tritt die Einziehung des Wartegeldes mit Schluß des Monats ein, an dem das maßgebende Ereignis sich vollzogen hat, sofern dies aber der erste Tag eines Monats war, mit Beginn dieses Monats (in Bayern ausgenommen den Fall des Todes). In Baden § 52 Abs. 2 im Falle der Dienstentlassung durch strafrechtliches oder Disziplinarerkenntnis mit dem Augenblick der Rechtskraft.

2) Begründung zum Weimarischen B. G. S. 719. Sterbemonat in R. B. G. § 31/7, Bayern Art. 72, Preußen § 2 Gesetz vom 7. III. 1908, Sachsen § 40, Württemberg Art. 44 Abs. 1 und 3; Oldenburg Art. 49 § 4 Art. 19, § 2—4, außerdem ist an den Nachlaß eines Beamten das Wartegeld noch für einen weiteren Monat auszuzahlen; Meiningen Gesetz vom 10. III. 1898 Art. 1; Coburg-Gotha Gesetz vom 1. VI. 1892; Anhalt Gesetz vom 1. IV. 1908; Reuß j. L. Gesetz vom 2. VI. 1911; Lübeck § 18 Gesetz vom 4. XII. 1909; Bremen § 22.

Sterbequartal in Mecklenburg-Schwerin und Strelitz; Weimar § 53; Sondershausen § 21/19; Schaumburg-Lippe Gesetz vom 12. III. 1892; Lippe Gesetz vom 26. 22. 1880 § 3; Hamburg § 4 Abs. 2 Gehaltsordnung vom 1. V. 1907.

Ausdrückliche Bestimmung über den Sterbemonat ist nicht unbedingt erforderlich.

darauf, während bestimmter Zeit die Besoldung des Beamten weiter zu beziehen (Gnadenquartal) [1]).

In fast allen Staaten erfolgt die Gewährung von Gnadenbezügen auch an die Hinterbliebenen eines Wartegeld-Empfängers [2]). Die Gnadenzahlungen werden fast ausnahmslos nicht von der letzten vollen Besoldung des Verstorbenen, sondern dem Wartegeld gewährt, da es unbillig erscheint, den Hinterbliebenen mehr zu bewilligen, als der Beamte selbst vor seinem Tode bezogen hat [3]).

Die Hinterbliebenen rücken in das Wartegeld ein, wie es der Beamte im Augenblick seines Todes bezog, selbst wenn er es bei Lebzeiten nicht weiterhin oder nur noch kürzere Zeit bezogen haben würde. Befand sich der Beamte bereits in Wartestand, hatte aber die Wartegeldzahlung noch nicht begonnen, so sind die Gnadengebührnisse

---

1) Im Reiche R. B. G. § 7, Preußen § 2 Gesetz vom 7. III. 1908; Bayern Art. 72/46; Württemberg Art. 54 Abs. 1; Baden § 55: regelmäßig nur dann, wenn der Beamte etatmäßig angestellt war, was ja beim Wartebeamten der Fall ist.

2) Folgende Staaten kennen kraft ausdrücklicher Bestimmung Wartegeldgnadenzahlung an Hinterbliebene: R. B. G. § 31; Preußen Gesetz vom 7. III. 1908 über die Zahlung der Besoldung und des Gnadenvierteljahres § 5; Bayern Art. 72; Sachsen § 40/39; Württemberg Art. 54 Abs. 1; Baden § 55 Abs. 3; Weimar § 53; Oldenburg Art. 49, 19; Meiningen Gesetz vom 10. III. 1898 Art. 1; Altenburg § 13/15; Gotha Gesetz vom 1. VI. 1892; Anhalt Gesetz vom 6. IV. 1908 Art. 1; Sondershausen § 19/21; Reuß j. L. § 47a Gesetz vom 2. VI. 1911; Schaumburg-Lippe Gesetz vom 12. III. 1892 § 1; Lippe Gesetz vom 26. II. 1880;Lübeck § 34; Bremen § 39.

Mecklenburg-Strelitz gewährt keine Gnadenquartale, sondern nur das volle Sterbequartal; in Waldeck Art. 1 Gesetz vom 2. I. 1911 erfolgen Gnadenzahlungen nur an die Hinterbliebenen aktiver Beamter; in Reuß ä. L. Gesetz vom 24. III. 1864 nur an die Hinterbliebenen aktiver und pensionierter Beamter, doch wird diese Bestimmung auch auf Wartebeamte analog anzuwenden sein; Hamburg Bekanntmachung des Senats vom 25. IX. 1907: ein Teil der Gnadenquartalbestimmungen findet auch auf Wartebeamte Anwendung.

3) Perels § 31 Anm. I S. 92, vgl. die Zitate in der vorstehenden Anmerkung; nur in Coburg-Gotha Gesetz vom 1. VI. 1892 wird beim Tode eines zur Disposition gestellten Beamten das Gnadenquartal nach dem Aktivitätsgehalte bemessen.

vom vollen Diensteinkommen zu gewähren [1]). Ruhte das Wartegeld zur Zeit des Todes, so wird, da das Ruhen mit dem Tode endet, die Gnadenzeit vom Wartegeld gewährt [2]), war es aber aus irgend einem Grunde bereits verwirkt, so fallen auch die Ansprüche der Hinterbliebenen fort [3]).

Die Witwe — nicht der Ehemann eines weiblichen Beamten — und die ehelichen oder legitimierten Abkömmlinge des Verstorbenen [4]) erhalten — sind beide vorhanden, dann gemeinsam — das Wartegeld noch für das auf den Sterbemonat oder Quartal folgende Vierteljahr ausgezahlt [5]) unter

1) Pieper § 31 Note 3 S. 205; Gugel Art. 54 Note 2.

2) Brand § 31 Note 2 S. 75.

3) Pieper § 31 Nr. 3 S. 205; Brand § 31 Anm. 2 S. 75; Arndt S. 652.

4) R. B. G. § 7; Preußen § 2 Gesetz vom 7. III. 1908; Anhalt Gesetz vom 6. IV. 1908 Art. 1; Reuß j. L. § 47a Gesetz vom 2. VI. 1911.

Bayern Art. 72 Abs. 1 („Anspruchsberechtigte"): anstatt Abkömmlinge nur Kinder; in Sachsen § 40: Witwe und Kinder; Württemberg Art. 54 Abs. 1: Witwe oder eheliche Kinder, welche mit dem Verstorbenen in häuslicher Gemeinschaft gelebt oder das 18. Jahr noch nicht zurückgelegt haben; Baden § 56 Abs. 1, V. V. O. zum B. G. § 74 („Bezugsberechtigte"): Witwe und eheliche Kinder; Mecklenburg-Schwerin: Witwe, Kinder und Kindeskinder; Weimar § 53 Abs. 2: Witwe und Abkömmlinge; Oldenburg Art. 49 § 4, Art. 19 § 2—4: Die Witwe, falls diese nicht vorhanden, die Kinder; Meiningen Gesetz vom 10. III. 1898 Art. 1, 4, 5: Die Witwe, sind außer ihr noch eheliche oder durch nachfolgende Ehe legitimierte Kinder vorhanden, welche beim Ableben des Beamten in seinem Brote standen, so erhält bei Vorhandensein von einem Kinde die Witwe $^2/_3$, das Kind $^1/_3$, bei mehreren Kindern diese und die Witwe je $^1/_2$ des Sterbegehalts. Hinterläßt der Beamte nur unterhaltsberechtigte Kinder, so steht diesen der Anspruch auf Sterbegehalt zu; Altenburg § 13, 15, Coburg-Gotha Gesetz vom 1. VI. 1892: Witwe oder eheliche Nachkommen; Sondershausen § 21, 19: Witwe oder die ehelichen oder durch nachfolgende Ehe legitimierten Kinder; Schaumburg-Lippe Gesetz von 1892 § 2, 4: in der Regel Witwe, eheliche Kinder und Enkel des Verstorbenen; Lippe Gesetz vom 26. II. 1880 § 4: Witwe oder unversorgte eheleibliche Deszendenten; Lübeck § 18 Gesetz vom 4. XII. 1909: Witwe oder minderjährige eheliche oder legitimierte Abkömmlinge; Bremen § 22: Witwe oder unversorgte eheliche Nachkommen; Hamburg § 4 Abs. 2 Gehaltsordnung von 1907: Witwe oder minderjährige eheliche Kinder.

5) Vgl. die Zitete in der vorstehenden Anmerkung. In Sachsen § 40: 1 Monat, ausnahmsweise 3 Monate; Württemberg Art. 54:

Anrechnung der vor dem Tode fällig gewordenen Besoldungsteile [1]).

Da der Anspruch der genannten Personen auf Gnadenquartal im Rechtswege erzwingbar ist, würde eine Bezeichnung als „Nachquartal" oder „Sterbenachgehalt" treffender sein [2]).

Das Gnadenquartal wird im voraus in einer Summe gezahlt [3]) und ist der Pfändung nicht unterworfen [4]); an wen die Zahlung zu leisten ist, bestimmt mit Ausschluß des Rechtsweges die vorgesetzte Dienstbehörde oder das Staatsministerium [5]).

---

2 Monate; Baden § 55: während der auf den Todestag folgenden 3 Monate; Mecklenburg-Schwerin V.O. vom 28. III 1770, Reskript vom 14. X. 1806: außer dem Sterbevierteljahre 2 weitere Gnadenvierteljahre; Meiningen Gesetz vom 10. III. 1898 Art. 1: das auf den Sterbemonat folgende Halbjahr; Lippe Gesetz vom 26. II. 1880 § 4: 3 Monate vom Todestag des Beamten an.

1) Preußen Gesetz vom 7. III. 1908 § 2; Bayern Art. 72 Abs. 1; Gugel Art. 54 Note 1—3; Weimar § 53 Abs. 4; Anhalt § 25 Abs. 3. Nach R. B. G. § 7 unbeschadet weitergehender Ansprüche, welche ihm etwa vor Eintritt in den Reichsdienst zugestanden worden sind.

2) Brand § 7 Anm. 4 S. 26; Bayern Art. 72 Abs. 1; Baden § 55; Meiningen Gesetz vom 10. III. 1898: Sterbegehalt; Württemberg Art. 54: Sterbenachgehalt; Sondershausen § 19/21: Gnadengehalt; Altenburg § 13/15: Gnadenpension.

3) R. B. G. § 7 Abs. 3; Lübeck § 18 Gesetz vom 4. XII. 1909.

4) R. B. G. § 7 Abs. 4 (ob es auch der freiwilligen Abtretung entzogen ist, ist streitig, bejaht wird es mit Recht von Brand § 7 Anm. 7 S. 27, anderer Ansicht Perels § 7 Anm. XI S. 32); Sachsen § 49 Gesetz vom 3. VI. 1876; Coburg-Gotha Gesetz vom 1. 6. 1892; Anhalt § 25 Abs. 3; in Bayern Art. 72 Abs. 4 kann das Wartegeld weder abgetreten noch verpfändet werden; da das Gnadenquartal nicht den Erben, sondern den Hinterbliebenen gewährt wird, gehört es nicht — im Gegensatz zum Sterbemonat — zu den Aktiven des Nachlasses des Verstorbenen; so ausdrücklich Baden § 58 Abs. 2: hier bildet es „keinen Bestandteil der Verlassenschaft des Verstorbenen".

5) R. B. G. § 7 in Bayern Art. 72 Abs. 3; Baden § 58 Abs. 1, außerdem auch: wie das Sterbegehalt unter mehrere Berechtigte oder Beteiligte zu verteilen ist; Sachsen § 49 Gesetz vom 3. VI. 1876; Weimar § 53; Altenburg § 13/15; Coburg-Gotha Gesetz vom 1. VI. 1892; Anhalt Gesetz vom 6. IV. 1908; Sondershausen § 19/21; Reuß j. L. § 47a Gesetz vom 2. VI. 1911; Schaumburg-Lippe Gesetz vom 12. III. 1892 § 2; Lübeck § 18 Gesetz vom 4. XII. 1909; Bremen § 22 Abs. 3.

Unter bestimmten Voraussetzungen kann die Gewährung des Gnadenquartals auch an andere Hinterbliebene erfolgen, denen jedoch ein Rechtsanspruch darauf nicht zusteht. Es kann nämlich die Gnadenzahlung vom Wartegeld in Ermangelung der oben genannten Hinterbliebenen [1]) mit Genehmigung der zuständigen Behörde [1]) auch dann stattfinden, wenn der Wartebeamte Verwandte aufsteigender Linie, Geschwister, Geschwisterkinder oder Pflegekinder [2]), deren Ernährer er ganz oder überwiegend gewesen ist [3]), in Bedürftigkeit hinterläßt [4]).

Schließlich kann das Gnadenquartal gewährt werden, wenn und soweit der Nachlaß nicht ausreicht, um die Kosten der letzten Krankheit und der Beerdigung zu decken [5]).

---

1) Vgl. im einzelnen die folgenden Zitate.

2) R. B. G. § 8; Preußen § 3 Gesetz vom 7. III. 1908; Lübeck § 19 Gesetz vom 4. XII. 1909.

In Altenburg § 14, Coburg-Gotha Gesetz vom 1. VI. 1892 § 1—4, Anhalt § 26; Schaumburg-Lippe Gesetz vom 12. III. 1892 § 2; Bremen § 23: Eltern, Geschwister, Stief- oder Pflegekinder, ganz oder teilweise.

In Bayern Art. 72 Abs. 2 („Beteiligte"); Baden § 56 Abs. 2 („Bezugsbefähigte"): Eltern, Großeltern, Geschwister, Geschwisterkinder, Enkel, Adoptiv-, Stief- oder Pflegekinder; Sachsen § 48 Gesetz vom 3. VI. 1876: Eheliche Abkömmlinge zweiten und entfernteren Grades, Eltern, Geschwister, Geschwisterkinder oder Pflegekinder; Württemberg Art. 54 Abs. 2: Erwachsene Kinder, Enkel, Eltern, Geschwister, Geschwisterkinder oder Pflegekinder; Weimar § 53 Abs. 2: Eltern, Geschwister, Stief- oder Pflegekinder ganz oder teilweise; Sondershausen § 20: Eltern, Enkelkinder, Geschwister, Geschwisterkinder, für ehelich erklärte, an Kindesstatt angenommene und Pflegekinder; Reuß j. L. § 47a Abs. 2: Verwandte aufsteigender Linie, Geschwister, Stief- oder Pflegekinder.

3) Vgl. vorstehende Zitate.

4) In einigen Staaten fehlt „Bedürftigkeit" als Voraussetzung.

5) R. B. G. § 8; Preußen Gesetz vom 7. III. 1908 § 3; Bayern Art. 72 Abs. 2; Sachsen § 48 Gesetz vom 3. VI. 1876 (ohne „und insoweit"); Württemberg Art. 54 Abs. 2; Baden § 56 Abs. 2; Weimar § 53 Abs. 2; Altenburg § 14; Anhalt § 26; Reuß j. L. § 47a Abs. 2; Schaumburg-Lippe Gesetz vom 12. III. 1892 § 4; Lübeck § 19 Gesetz vom 4. XII. 1909; Bremen § 23 . . . nicht ausreicht . . ., einschließlich der von Versicherungsinstituten zu erhebenden Gelder.

III. Die Beendigung des Wartestandes.

§ 16.

Der Wartestand des Beamten endigt [1], abgesehen von den Fällen einer vollständigen Aufhebung des Beamtenverhältnisses, mit seiner Wiederanstellung oder Pensionierung. Die Versetzung in den dauernden Ruhestand hat zu erfolgen, sobald die Voraussetzungen hierfür gegeben sind, daher insbesondere auch, wenn die erhoffte Wiedergenesung von einer Krankheit nicht erfolgt [2].

IV. Anhang: Die Richter der ordentlichen Gerichte.

§ 17.

Die richterlichen Beamten können nach § 8 G. V. G. nur kraft richterlicher Entscheidung und nur aus gesetzlich bestimmten Gründen in den Wartestand versetzt werden [3]. Bei einer Veränderung in der Organisation der Gerichte oder ihrer Bezirke können Versetzungen in den Wartestand unter Belassung des vollen Gehaltes durch die Landesjustizverwaltung verfügt werden.

Nur im Rahmen dieser reichsgesetzlichen Bestimmung sind die Landesgesetze gültig.

Im Reiche und einer größeren Anzahl von Bundesstaaten ist die Versetzung von Richtern in den Wartestand gesetzlich nicht vorgesehen und geregelt [4], in einigen an-

---

1) Vgl. auch oben S. 64 fg.

2) In Sachsen § 8 Gesetz vom 3. VI. 1876: Wenn nach Ablauf eines im Wartestand verbrachten Jahres die Krankheit fortdauert; in Schaumburg-Lippe Gesetz vom 20. III. 1908: nach 2 Jahren; Altenburg § 32 Abs. 5.

3) Der Grundsatz von der Unabhängigkeit der Richter erfordert diese Kautelen; die Versetzung in Wartestand steht einer Versetzung auf eine andere Stelle wider Willen in ihrer Wirkung gleich.

4) R. B. G. § 158 Abs. 1; Preußen Diszipl.-Ges. für Richter vom 7. V. 1851 (26. III. 1856 und 9. IV. 1879) und Allerh. Erlaß vom 14.

deren sind die vorhandenen Bestimmungen auf Richter nicht anwendbar, weil sie den Erfordernissen des § 8 Abs. 1 G. V. G. nicht entsprechen [1]. Es hat daher hier sein Bewenden dabei, daß die Justizverwaltung im Falle einer Organisationsveränderung der Gerichte jederzeit einen Richter mit Belassung seines vollen Gehaltes ohne Einhaltung eines bestimmten Verfahrens in den Wartestand versetzen kann [2].

Wenngleich in den übrigen Staaten auch für die Dispositionsstellung von Richtern grundsätzlich die allgemeinen, auf Verwaltungsbeamte anwendbaren Vorschriften gelten, so ist doch in ihnen durchweg entsprechend § 8 G. V. G. die Möglichkeit einer Versetzung in Wartestand in verschiedener Hinsicht gegenüber den Verwaltungsbeamten eingeschränkt.

Es kann ein Richter in den Wartestand versetzt werden wegen einer Veränderung in der Organisation der Gerichte oder ihrer Bezirke [3],

---

VI. 1848 a. E.; Bayern § 183, Piloty S. 235/236 und Anm. 1 f, S. 255; Württemberg Art. 22 Abs. 1: Kraft ausdrücklichen Hinweises hat es sein Bewenden bei § 8 Abs. 3 G. V. G.; Mecklenburg Richterdiszipl.-Ges. vom 22. IV. 1879; Rudolstadt Richterdiszipl.-Gesetz vom 1. V. 1879 § 43; Lübeck Richterdiszipl.-Gesetz vom 21. IV. 1879; Bremen A. G. zum G. V. G. vom 17. V. 1879; Hamburg A. G. zum G. V. G. vom 23. IV. 1879; Elsaß-Lothringen Art. VI Gesetz vom 23. XII. 1873 und § 2 Gesetz vom 18. VI. 1890 (Brand § 158 Anm. 7 S. 234).

1) Dies trifft nur für ältere Beamtengesetze zu, vgl. z. B. Coburg-Gotha § 26; Schaumburg-Lippe § 27 Nr. 1, § 28/29 Abs. 1; Lippe § 26/28: Trotzdem in diesen Staaten ein Richter wegen Organisationsveränderung mit nur 4/5 seiner Besoldung in den Wartestand versetzt werden kann, ist hierfür ein gerichtliches Verfahren nicht vorgesehen; Reuß ä. L. Gesetz vom 3. III. 1883 Ziff. IV § 25 Abs. 4.

2) Pieper § 24 Anm. 2 S. 183. Der in § 8 Abs. 3 G. V. G. genannten „Landesjustizverwaltung" ist gleichzustellen die Reichsjustizverwaltung.

3) Und zwar mit Belassung seines vollen Gehaltes, vgl. z. B. Baden § 117 Ziff. 3; Weimar § 28 Abs. 2, § 30 Abs. 1; Meiningen Art. 19 Abs. 2; Sondershausen § 38, Richterdiszipl.-Ges. vom 27. V. 1879 § 40. Diese ausdrücklichen Bestimmungen sind eigentlich über-
§ 132 verweisen deshalb auch nur auf diesen Paragraphen.
flüssig in Hinblick auf § 8 Abs. 3 G. V. G.; Altenburg § 30, Anhalt

oder einer die Wiedergenesung nicht ausschließenden, länger als 6 Monate dauernden Krankheit [1]),

dagegen nur ausnahmsweise auch dann, wenn seine Dispositionsstellung durch das Interesse der Rechtspflege dringend geboten erscheint [2]) oder aus allgemeinen Verwaltungsrücksichten [3]).

Das Vorliegen dieser gesetzlichen Voraussetzungen ist, abgesehen vom Fall der Organisationsveränderung, durch richterliche Entscheidung, zumeist eines Oberlandesgerichts, festzustellen [4]).

Der in Wartestand versetzte Richter ist nur zur Wiederannahme einer Richterstelle mit mindestens gleichem Gehalt und Rang verpflichtet [5]).

Alle sonstigen, mit der richterlichen Stellung verknüpften Vorrechte bleiben unberührt [6]).

---

1) In diesem und den folgenden Fällen mit dem gesetzlichen Wartegeld. Weimar § 28 Abs. 2; Oldenburg Art. 48 § 4; Altenburg § 144, 130, 30; Coburg-Gotha § 26; Sondershausen § 38 B. G., § 41 Gesetz vom 27. V. 1879; Reuß j. L. § 25 a. E.; Schaumburg-Lippe § 27 Nr. 2; in Sachsen Diszipl.-Ges. für Richter vom 20. III. 1880 § 50; Reuß ä. L. § 25 Abs. 2 Ges. vom 3. III. 1883: bei einjähriger Krankheit; in Meiningen § 19 Abs. 2: ganz allgemein bei „vorübergehender".

2) Anhalt § 132.

3) Oldenburg Art. 48 § 4, hier außerdem auch, wenn einzelne Stellen entbehrlich werden.

4) Vgl. z. B. Sachsen Richterdiszipl.-Ges. vom 20. III. 1880 § 52 fg. und A. G. zum G. V. G. vom 1. III. 1879 § 17; Weimar § 28 Abs. 5, § 26 Abs. 2; Oldenburg Art. 48 § 4; Meiningen Art. 19 Abs. 2, Art. 18 Abs. 2; Altenburg § 144; Coburg-Gotha § 27; Anhalt Art. VI § 2 Gesetz vom 10. VII. 1879; Sondershausen Gesetz vom 27. V. 1879 § 42; Reuß j. L. § 26 Abs. 2, 133 fg; Schaumburg-Lippe § 28 Abs. 5, Gesetz vom 25. III. 1909.

5) R. G. Bd. 49 S. 192; Baden § 117 Nr. 1/49; Weimar § 32 Abs. 2 Satz 2; Meiningen Art. 21 Abs. 2; Altenburg § 143; Anhalt Art. VI § 1 a. a. O. und § 32 B. G.; Sondershausen § 33/29; Reuß j. L. § 132; Reuß ä. L. Gesetz vom 3. III. 1883 Ziff. IV § 25 Abs. 7.

6) Insbesondere fungieren im Disziplinarverfahren gegen Richter mit Richter besetzte Disziplinargerichte, vgl. z. B. Sachsen Gesetz vom 20. III. 1880 § 24 fg.; Meiningen Diszipl.-Ges. vom 11. VII. 1879; Altenburg § 131 fg.; Reuß j. L. § 120 fg.; Schaumburg-Lippe § 24 A. G. zum G. V. G. vom 30. VI. 1879.

Das preußische Wassergesetz

auf Grund der Verhandlungen des Landtages

erläutert von **Dr. Hans Gottschalk**

Rechtsanwalt in Dortmund

Preis gebunden 7 Mark

Wohl selten ist ein preußisches Gesetz Gegenstand derartig eingehender Vorarbeiten gewesen, wie das demnächst inkrafttretende neue preußische Wassergesetz, das zum ersten Male seit der im Allgemeinen Landrechte erfolgten Regelung dieser für die allgemeine Volkswirtschaft ungemein wichtigen Materie wieder eine Kodifikation des gesamten Wasserrechts enthält. Seit dem Jahre 1893 ist man in den beteiligten Ministerien mit der Ausarbeitung von Entwürfen zu diesem Gesetze beschäftigt gewesen und der Entwurf, welcher die Grundlage für die zum Erlasse des Gesetzes führenden Verhandlungen des Landtages gebildet hat, ist der vierte dieser Entwürfe, der auf Grund der eingeholten Äußerungen der beteiligten landwirtschaftlichen und industriellen Kreise ausgearbeitet worden ist. Nicht minder ist der Entwurf in den beiden Häusern des Landtages, besonders in den eigenst zu diesem Zwecke eingesetzten Kommissionen beraten worden. So umfaßt allein der Bericht der Kommission des Abgeordnetenhauses einen Band von 543 Seiten, dem als Anlage in einem besonderen Bande die Berichte der zur Beratung einzelner Sonderfragen gebildeten Subkommissionen, sowie die von der Kommissionen geforderten Übersichten und Vorträge beigefügt sind.

Diese Tatsachen ergeben schon zur Genüge, daß diesen Materialien eine hervorragende Bedeutung für die Auslegung des Wassergesetzes und mithin seine Benutzung in der Praxis zukommt, und man darf wohl sagen, daß die dort zum Ausdruck gebrachten Ansichten und Rechtsauffassungen den Niederschlag der, wenn auch nicht überall übereinstimmenden, öffentlichen Meinung darstellen.

Von diesem Gesichtspunkte aus hat es der Bearbeiter versucht, die umfangreichen Materialien auszugsweise zusammenzufassen und die zum Teil sehr komplizierten Rechtsfragen nach Möglichkeit in eine gemeinverständliche Form zu kleiden. Zugleich ist die Benutzung der bisherigen wasserrechtlichen Literatur, die auch fernerhin ihre Bedeutung in gewissem Umfange behalten wird, vor allem des Werkes von Nieberding-Frank, durch die Angabe der jeweils in Frage kommenden Stellen erleichtert worden.

A. MARCUS UND E. WEBERS VERLAG BONN

FSC
www.fsc.org
MIX
Papier | Fördert gute Waldnutzung
FSC® C083411

Kolibri 360 GmbH
Ferdinand-Jühlke-Straße 7
99095 Erfurt, Deutschland
produktsicherheit@kolibri360.de